INTERMEDIATE WELSH:
A GRAMMAR AND WORKBOOK

siarad â
dweud wrth - speak to
say to

ysgrifennu at — write to

heibio wedyn — later on

dod draw — come round

safbwynt — point of view

wedyn — later

sanau — socks

gweld mohona i — to see me

Yr Unol Daleithiau - U.S.

sefyllfa — situation

difrifol — serious

rhesymol — reasonable

annibynol — independent

diod (ydd) f — a drink

anobeithiol — hopeless

Titles of related interest published by Routledge

Basic Welsh: A Grammar and Workbook by Gareth King
Modern Welsh: A Comprehensive Grammar by Gareth King
Colloquial Welsh: A Complete Language Course by Gareth King
Business Welsh: A User's Manual by Robert Déry

INTERMEDIATE WELSH: A GRAMMAR AND WORKBOOK

Gareth King

London and New York

First published 1996
by Routledge
11 New Fetter Lane, London EC4P 4EE

Simultaneously published in the USA and Canada
by Routledge
29 West 35th Street, New York, NY 10001

© Gareth King 1996

Typeset in Times by Florencetype Ltd, Stoodleigh, Devon

Printed and bound in Great Britain by
Clays Ltd, St Ives PLC

British Library Cataloguing in Publication Data
A catalogue record for this book is available from the
British Library

Library of Congress Cataloguing in Publication Data
A catalogue record for this book has been requested

ISBN 0–415–12097–7

*This book is dedicated
to the memory of my friend
Peter Stoneham
1954–1983*

CONTENTS

INTRODUCTION

This workbook is intended as a grammar-based self-tutor and self-tester for those in the more advanced stages of learning Welsh. A companion volume (*Basic Welsh*) is available for beginners. Forty grammatical points are dealt with in each volume, with exercises designed to drill the user and test understanding. Answers to all exercises are given at the back of the book.

I have thought it wise, given the particular difficulties presented by Welsh as regards regional and dialectal variation in many common words, to adopt the following as standard forms throughout (with equally valid alternatives given in parentheses):

dw i 'I am' (**wi**; **rwy**)
dyn ni 'we are' (**yn ni**; **dan ni**)
dych chi 'you are' (**ych chi**; **dach chi**)
e, fe 'he/him' (**o, fo**)

though Northern forms like **fo** and **dan ni** will of course occur in examples dealing with specifically Northern constructions.

As far as initial consonant mutations are concerned, I have erred on the side of caution, again for the sake of simplicity. On the other hand, it is no secret that the applications of the mutations in the modern living language do not conform to a standard pattern, however much some authorities may try to make them, or claim that they do. On purely practical grounds, I see no value or point in pretending, for example, that instances of Aspirate Mutation (AM) like **bws a** *th***acsi** are 'correct' Welsh simply because the handbooks of the literary language tell us so. They are certainly not natural in speech, and therefore by all the criteria of modern linguistics they can hardly be regarded as authentic.

In the exercises that form an integral part of each unit, I have aimed at an unashamedly grammatical approach in drilling the student on the points raised in the unit – this is, after all, a grammar workbook, and in any case I see no reason to apologise for grammar, which went through a period in recent years of being rather a dirty word among educationalists, but which remains nevertheless an indispensable part of learning any language. The user will notice, however, that some units deal with uses of particular words rather than a specific grammatical point, and I have thought it better in these cases simply to provide translation practice only rather than the mix of translation, grammar drilling and cloze exercises that are presented elsewhere. Considerations of space have placed limitations on the key to exercises at the end of the book: it is not unusual in a language like Welsh to have two or even three equally valid ways of phrasing a particular English expression, but it must be borne in mind that very often I have had to pick one variation and silently pass over another, and I ask the user's indulgence in this. I have, however, tried to ensure that variants be given their due in the body of the workbook.

In this book I have again used a special symbol ° to indicate the Soft Mutation (SM): used after a word, it means that the word causes Soft Mutation of the next word – so for example **am**° means that a word following **am** will undergo SM: **punt**, but **am bunt**. Used before a word, it indicates that that word is already in its mutated form – so for example °**benderfynu** means that we are actually dealing with the word **penderfynu**. An asterisk* indicates an incorrect form.

Although most grammatical and syntactic structures occurring in the living language are covered in the two workbooks, and although the units in this workbook represent a graded programme of work (with the same being true for the simpler structures presented in *Basic Welsh*), they are not intended as a reference grammar, or for that matter as a self-contained course – readers wishing to have these may find respectively *Modern Welsh: a Comprehensive Grammar* (Routledge, 1993) and *Colloquial Welsh* (Routledge, 1994) of use; I would hope that the grammar workbooks can be used as an adjunct to these fuller, but differing, treatments of the modern language. Certainly the type of Welsh presented in all of them is essentially the same.

UNIT ONE Uned un
Inflected future: regulars

In *Basic Welsh* (Unit 24) we saw how the *stem* of the verb is used when we need to add endings; the imperative (command form) ending **-wch**, for example, is added not to **talu** (verb–noun) to give *taluwch, but to the stem **tal-** to give **talwch!** 'pay!' Then for the preterite (*Basic Welsh*, Unit 25) there is a special set of endings covering all persons – so **tales i** 'I paid', **talodd e** 'he paid', etc.

Another set of personal endings in Welsh conveys the idea of the future. Let's look at the endings first:

	Singular	Plural
1	**-a i**	**-wn ni**
2	**-i di**	**-wch chi**
3	**-ith e/hi**	**-an nhw**

Notice again that we have included the following pronoun in each case, as in Modern Welsh the endings never appear on their own except in yes/no answers. You may have noticed also that the second person singular pronoun is not **ti** but **di** in the future.

So the inflected future of **talu** will be:

	Singular	Plural
1	**tala i** I will pay	**talwn ni** we will pay
2	**tali di** you will pay	**talwch chi** you will pay
3	**talith e/hi** he/she will pay	**talan nhw** they will pay

General principles for inflected verbs (*Basic Welsh*, Unit 26) apply; so, for example, **tala i**, **fe °dala i**, **°dala i** all meaning 'I'll pay'. Notice the very common expression **°Wela i di/chi** 'I'll see you' (i.e. 'goodbye').

You will have realized by now that we saw another way of doing the future in *Basic Welsh* (Unit 18), using **bydda i** etc. (future of **bod**) + **yn** + VN. Are they the same? No – and they are not interchangeable; if they were, what would be the point of having both systems? But they *do* overlap in function. It is hard to see any substantial difference, for example, between **Pryd bydd e'n ffonio?** and **Pryd ffonith e?** 'When will he phone?' On the other hand, the inflected future is definitely preferred in certain circumstances, and we will have a look at some of these in the next unit.

Exercise 1

Turn these long futures into short futures:

Example: Bydda i'n talu
           Tala i

 1 Fyddi di'n agor y siop yfory?
 2 Fe fydda i'n gweld ti wythnos **nesa**
 3 Byddwn ni'n helpu chi
 4 Bydd y lleill yn aros fan hyn
 5 Fyddwch chi'n cyrraedd mewn **pryd**?
 6 Fydd Fred yn cymryd coffi?
 7 Fe fydd Sioned a Medi'n trafod y broblem
 8 Fyddi di'n cymryd rhagor?
 9 Fe fydd Suzie'n bwydo'r anifeiliaid wedyn
10 Fyddan nhw ddim yn arwyddo'r ddogfen

Exercise 2

Translate into Welsh using the short future – use **Mi°** for AFF sentences:

 1 I'll help you (**chi**)
 2 We'll see you (**chi**) tomorrow
 3 When will these plants flower?
 4 Bert will stay here
 5 They'll phone tomorrow
 6 We won't see them again
 7 Sioned will tell him this afternoon
 8 Will they write to us?
 9 Will he buy enough?
10 They won't drink
11 I'll collect everything

12 You (**chi**) 'll speak first
13 Who will open the door?
14 We'll build a new house here
15 The water will run out here
16 Will they arrange everything?
17 I'll keep these for you (**ti**)
18 Will they tell us?
19 Sioned will give him a present
20 I'll call round later on

UNIT TWO **Uned dau**
Inflected future: irregulars

As with the preterite (*Basic Welsh*, Unit 27), the four common verbs **mynd** 'go', **gwneud** 'do/make', **cael** 'get' and **dod** 'come' form the inflected future irregularly:

	mynd	*gwneud*	*cael*	*dod*
Singular				
1	**a i** I will go	**na i** I will do/make	**ca i** I will get	**do i** I will come
2	**ei di** etc.	**nei di** etc.	**cei di** etc.	**doi di** etc.
3	**eith e/hi**	**neith e/hi**	**ceith e/hi**	**daw e/hi**
Plural				
1	**awn ni**	**nawn ni**	**cawn ni**	**down ni**
2	**ewch chi**	**newch chi**	**cewch chi**	**dewch chi**
3	**ân nhw**	**nân nhw**	**cân nhw**	**dôn nhw**

You will notice that **gwneud** and **cael** go exactly like **mynd**, while **dod** is rather different (in the preterite, it was **cael** that was the odd one out). In fact in some areas **dod** *does* go like the other three (so, for example, **deith e** for **daw e**), but the forms given here are regarded as standard.

It was mentioned in the last unit that, although the inflected and **bod**-future are broadly interchangeable in the modern language, there are circumstances where the inflected future is more likely:

The *first person singular* is used to express intention – **Ffonia i chi yfory** 'I'll phone you tomorrow'. The inflected future is preferred after **os ...** 'if ...', **os na°** ... 'if ... not ...' and **pam na°** ...? 'why don't (you) ...?':

Os galwch chi heibio wedyn ...	If you call round later on ...
Os na dalith e ...	If he doesn't pay ...
Pam na arhosi di fan hyn?	Why don't you wait here?

In fact there is rather more to 'if' than this in Welsh, and we will come back to it in Units 17 and 18 of this workbook. But for now, if you are talking about something you think may happen in the future, then **os** (or **os na°** for the negative) + inflected future is usually the right choice. Remember that **bod**, of course, has its own inflected future (you will have noticed perhaps that its endings are identical except for the third person singular) **bydda i** etc., even though this is also used to form the non-inflected or long future of other verbs.

Further examples, this time with the irregulars introduced in this lesson:

Os ewch chi fan'na ...	If you (will) go there ...
Os na °brynan nhw'r tŷ ...	If they don't (will not) buy the house ...
or: ... **phrynan** ...	
Pam na ddoi di draw nes ymlaen?	Why don't you come (will you not come) round later on?

Exercise 1

Turn long futures into short, and vice versa:

1 Mi fydda i'n mynd yfory
2 Mi fydd Sioned yn cael gwobr
3 Fyddi di'n dod wedi'r cwbwl?
4 Mi ddo i am bump
5 Ewch chi ddim hebdda i
6 Fe fyddan nhw'n cael mynd heno
7 Fe fydd y lleill yn dod ar y trên
8 Fydd popeth yn mynd yn iawn?
9 Ddôn nhw ddim yn ôl
10 Lle ân nhw wedyn?

Exercise 2

Translate into Welsh using the short future – use **mi°** for AFF sentences:

1 I won't do the work
2 Mererid and Ieuan will get their presents later
3 The train will come at four

4 When will you (**ti**) do the work?
5 Fred and Bert will go with us
6 I'll go to the library this afternoon
7 We'll be allowed to stay, I think
8 Fred won't come today
9 When shall we go?
10 What will they do now?

Exercise 3

Turn preterites into short futures, and vice versa:

Example: Aethon nhw i'r dre (They went to town)
          Ân nhw i'r dre   They'll go to town

1 Gest ti dy arian yn ôl?
2 Pryd eith hi?
3 Mi eith popeth yn iawn yn y diwedd
4 Mi ddaethon nhw'n ôl amser cinio
5 Pwy ddaeth efo chi?
6 Lle gawsoch chi'r wybodaeth?
7 Fe es i â'r plant i'r ysgol heddiw
8 Pwy gafodd y wobr gynta, 'te?
9 Ddest ti gyda rhywun?
10 Ddôn nhw ddim tan fis Ebrill

UNIT THREE Uned tri
Galla i°/medra i° 'I can' etc.

The important verb 'can' has two equivalents in Welsh: **gallu**, used every-where and preferred in the standard language, and **medru**, which is a more northern word. In all essentials they are interchangeable.

You can use these VNs like any other VN – i.e. in conjunction with **bod**. So, for example:

Dw i'n gallu
Dw i'n medru   'I can'   like **Dw i'n mynd** 'I go'

Because of the peculiarities of 'can' in English, the parallel relationship is not always as clear in the English as in the Welsh:

like	**Wyt ti'n gallu?**	'Can you?'
	Wyt ti'n mynd?	'Are you going?/Do you go?'
like	**Dyn ni ddim yn gallu**	'We can't'
	Dyn ni ddim yn mynd	'We aren't going/We don't go'

But you *can* (and native speakers frequently do) use **gallu/medru** with *endings* instead of using **bod** + VN.

Singular	*Plural*
1 **galla i** I can	**gallwn ni** we can
2 **galli di** you can	**gallwch chi** you can
3 **gall e/hi** he/she can	**gallan nhw** they can

Alternatives: **gelli di, gellwch chi**

Singular	*Plural*
1 **medra i** I can	**medrwn ni** we can
2 **medri di** you can	**medrwch chi** you can
3 **medr o/hi** he/she can	**medran nhw** they can

This is rather reminiscent of the situation with the inflected and long future, not only in that there is little real difference in meaning between the two methods, but also, curiously, in the look of the endings: you will see that the endings on **gallu/medru** for 'can' (**galla i/medra i** etc.) are identical to those on **bod** (**bydda i** etc.), even though there is no future sense with the former (except perhaps from the very generalized viewpoint that by saying that you 'can' do something you are implying that it might happen in the future).

The method with endings conforms to the principles of inflected verbs (*Basic Welsh*, Unit 26). So

Galla i/Alla i/Fe alla i **Medra i/Fedra i/Mi fedra i**	I can
Alla i? **Fedra i?**	Can I?
Alla i ddim **Fedra i ddim**	I can't

Exercise 1

Turn these [**bod**] **yn gallu** sentences into **galla i** (etc.) ones. Use **fe°** for AFF sentences:

Example: Dych chi'n gallu dod?
          Ellwch chi ddod?

1 Mae'r chwiorydd yn gallu aros gyda ni
2 Ydy Ron yn gallu helpu?
3 Ydw i'n gallu eistedd fan hyn?
4 Pwy sy'n gallu ateb y cwestiwn?
5 Dw i'n gallu gweld dy safbwynt
6 Dyw'r bechgyn ddim yn gallu clywed yn iawn
7 Maen nhw'n gallu gwneud eu gwaith yfory
8 Wyt ti'n gallu nghlywed i?
9 Dw i ddim yn gallu gweld y sgrîn
10 Ydyn nhw'n gallu deall?

Exercise 2

Translate into Welsh – use inflected forms of **gallu**:

1 Can you (**chi**) go to the shop tomorrow?
2 I can't read these papers tonight
3 Sioned can't come to the party
4 Who can say?

5 Can they keep the shop open?
6 Can we confirm this later?
7 Fred and Bert can use the back room
8 She can't drive the car
9 Can you (**chi**) translate this document for me?
10 You (**chi**) can't park here

Exercise 3

Turn these inflected **gallu** sentences into [**bod**] **yn gallu**:

1 Ellwch chi weld popeth?
2 Mi alla i orffen y gwaith pnawn 'ma
3 Elli di ddim aros fan hyn
4 All Sioned ddim gwisgo'r het 'na!
5 Allwn ni helpu o gwbwl?
6 Mi ellwch chi farcio'r papurau yfory
7 Fe allan nhw gadw eu pethau fan hyn
8 Elli di yrru lori?
9 Alla i ddim dod tan yfory
10 Fe all Rhodri adael neges ar y peiriant ateb

UNIT FOUR   Uned pedwar
Byth and **erioed** 'never/ever'

Look at these pairs of sentences:

Dw i byth yn mynd i'r sinema	I never go to the cinema
Dw i erioed wedi mynd i'r sinema	I have never gone to the cinema
O'n i byth yn siarad ag e	I never spoke (used to speak) to him
O'n i erioed wedi siarad ag e	I had never spoken to him

You will perhaps have noticed that **byth** is used for 'never' when an **yn** is present in the verb, and **erioed** is required when a **wedi** is used. This is a reliable rule with tenses formed with **bod** + VN. **Erioed** is associated with *completed action* (which is what **wedi** conveys), while **byth** is associated with *ongoing* or *uncompleted action* (which is what **yn** conveys). But what about the inflected tenses (preterite and short future), where there are no **yn**'s or **wedi**'s to guide us? In fact, exactly the same principle of association applies, so it follows that, with inflected tenses, **erioed** will be needed with the preterite (past completed action – *Basic Welsh*, Unit 25), while **byth** will be needed with the future (action obviously not yet having occurred, therefore uncompleted):

Welwn ni *byth* mohonyn nhw 'to	We'll *never* see them again
Weles i *erioed* y fath beth!	I *never* saw such a thing!

Byth and **erioed** also do the work of 'ever' where the context so dictates (in this sense they are like French *jamais*), and the same criteria apply:

Fuoch chi *erioed* yn yr Alban?	Have you *ever* been to Scotland?
Cymru am *byth*!	Wales for *ever*!

This in itself need not worry English-speaking students, for whom the problem is not how to translate **byth/erioed**, but rather which Welsh word to use in a given circumstance.

Byth and **erioed** are used as answers 'Never', again in accordance with the principles outlined above. In other words, the verb in the question determines the choice of answer.

Dych chi wedi trio bwyd o Fietnam?   **Erioed**
Have you tried Vietnamese food?   Never

Dych chi'n gwrando ar y newyddion?   **Byth**
Do you listen to the news?   Never

Finally, do not confuse **byth** 'never/ever', which is never mutated, with **fyth** 'even ... (-er)', which is permanently mutated and is used with comparative adjectives (Unit 5).

Exercise 1

Fill in the blanks with words from the box:

1 Wyt ti _____ wedi siarad _____ hi?
2 Dw i _____ yn codi _____ gynnar
3 Fuon _____ _____ yn yr Almaen
4 _____ i _____ y fath beth!
5 Fydd _____ _____ yn dod eto
6 _____ nhw _____ wedi cwyno?
7 Fydda i _____ _____ hapus fan hyn
8 _____ 'r trydan _____ yn gweithio

byth	**erioed**
erioed	**dyw**
'n	**erioed**
ydyn	**yn**
Sioned	**nhw**
byth	**byth**
â	**weles**
byth	**erioed**

Exercise 2

Translate into Welsh:

1 Do you (**ti**) ever go to the pub?
2 I never wear socks in bed
3 I've never worn socks in bed
4 This television never works
5 Have you (**chi**) ever seen such a beautiful view?
6 We've never been to the Netherlands
7 Huw has never worked
8 You (**ti**) will never see us again
9 Nancy will never know
10 We will never come back

Exercise 3

Answer 'Never!' to the following questions:

1   Wyt ti'n yfed yn y Llew Du?
2   Wyt ti'n darllen *Y Cymro*?
3   Fuoch chi yn yr Unol Daleithiau?
4   Wyt ti'n gwisgo sbectol?
5   Dych chi wedi chwarae snwcer o'r blaen?
6   Fyddi di'n anghofio am y peth?
7   Wyt ti wedi gweld y ffilm 'ma?
8   Fuest ti yn yr Almaen?
9   O'ch chi wedi siarad ag e?
10 Dych chi'n gwrando ar y newyddion?

UNIT FIVE   Uned pump
Comparison of adjectives I: comparative

Look at these sentences:

> **Mae'n *oer* heddiw, ond roedd hi'n *oerach* ddoe**   (**oer** 'cold')
> It's *cold* today, but it was *colder* yesterday

> **Mae nghar i'n *gyflym*, ond mae'ch car chi'n**   (**cyflym** 'fast')
> **gyflymach**
> My car is *fast*, but your car is *faster*

> **Mae hwn yn rhy drwm – mae eisiau rhywbeth**   (**ysgafn** 'light')
> **ysgafnach**
> This (one) is too heavy – (we) need something *lighter*

Just as English forms the comparative of the adjective by adding an ending ('-er'), so Welsh does the same thing using the ending **-ach**. There are three complications, however:

1   Adjectives ending in **-b**, **-d** and **-g** change these, by a sort of 'reverse SM', to **-p**, **-t** and **-c** respectively; so, for example, **gwlyb** 'wet' – **gwlypach** 'wetter', **rhad** 'cheap' – **rhatach** 'cheaper', **teg** 'fair' – **tecach** 'fairer'.

2   Some adjectives undergo a vowel change when the ending is added: for example, **trwm** 'heavy' – **trymach** 'heavier'; and this can happen in addition to the consonant change explained in 1 above: **tlawd** 'poor' – **tlotach** 'poorer'. There aren't all that many of these types 1 and 2, and it's probably best just to learn them as you encounter them.

3   This use of an ending to make the comparative is restricted (as indeed it is in English) to shorter adjectives – generally one- and two-syllable words in Welsh, though some three-syllable adjectives do appear with the ending, e.g. **cyfoethog** 'rich' – **cyfoethocach** 'richer'. All the same, the two-syllable limit is a fairly trustworthy guide.

Now look at these sentences:

Bydd gwyliau'n fwy costus eleni
Holidays will be more expensive this year

Mae'r rhain yn fwy diddorol na'r lleill
These are more interesting than the others

Longer adjectives form the comparative by prefixing **mwy** instead of adding **-ach**. This again mirrors the situation in English, where we say 'pretty' – 'prettier', but 'beautiful' – 'more beautiful'. So, while even a borrowed word like **neis** 'nice' takes the ending to give **neisiach** 'nicer' (note the added **-i-** in this case), a word like **annymunol** 'unpleasant' is simply too long for us to try and make ***annymunolach**, and instead we must say **mwy annymunol** 'more unpleasant'.

'Than' is **na** (**nag** before vowels). This word officially has AM after it, though this is only applied with any consistency when the following word begins with **c-**.

Mae plwm yn drymach na dur
Lead is heavier than steel

Bydd hi'n brafiach heddiw nag yfory
It will be nicer today than tomorrow

Mae bysiau'n fwy swnllyd na cheir (*or* ... **ceir**)
Buses are noisier than cars

If you want to say 'even ... -er', or 'even more ...', use **fyth** after the adjective:

ysgafnach fyth   even lighter
mwy amheus fyth   even more doubtful

Exercise 1

Form sentences using a comparative, as in the example:

Example: Rhodri – Tomos (t*a*l)
           Mae Rhodri'n dalach na Tomos
           Rhodri is taller than Tomos

1 plwm – haearn (*trwm*)
2 Laurel a Hardy – Charlie Chaplin (*doniol*)
3 y Mississippi – y Folga (*hir*)
4 Neighbours – Eastenders (*poblogaidd*)
5 Cliff Richard – Keith Chegwin (*enwog*)
6 gwesty'r Savoy – gwely a brecwast Mrs Williams (*costus*)
7 tywydd Iwerddon – tywydd Lloegr (*gwlyb*)

8 brechdan caws – brechdan cig moch (*rhad*)
9 yr M4 – Stryd y Farchnad, Aberystwyth (*eang*)
10 car Dewi – car Dominic a Fiona (*swnllyd*)

Exercise 2

Translate into Welsh:

1 This is heavier than that
2 This book is more useful, I think
3 It is colder today than yesterday
4 These people are poorer than us
5 Life was harder in the thirties
6 Take (**chi**) this parcel – it's lighter
7 I feel happier now
8 You (**ti**) must be more careful
9 We'd better get up earlier tomorrow
10 Better late than never (say: 'Better late than later')
11 The situation is more serious than we thought
12 Cardiff is closer than London
13 The banks are more powerful these days
14 Arnold is richer than Bruce
15 Prices are more reasonable here
16 Children are more independent these days
17 It's quieter here
18 His new car is faster
19 Drive (**chi**) more slowly, please
20 This film is more interesting than the other one

UNIT SIX   **Uned chwech**
Comparison of adjectives II: superlative; equative

Just as **-ach** corresponds to the English comparative '-er' (Unit 5), so **-a** corresponds to '-est':

ysgafn light	**ysgafnach** lighter	**ysgafna** lightest
rhad cheap	**rhatach** cheaper	**rhata** cheapest
trwm heavy	**trymach** heavier	**tryma** heaviest

Notice that the vowel and consonant changes detailed for the comparative ('-er') forms also apply to the superlative forms.

Just as with the **-ach** ending, so the **-a** ending is restricted to shorter adjectives, while longer ones must take **mwya** 'most ...':

annymunol	unpleasant
mwy annymunol	more unpleasant
mwya annymunol	most unpleasant

An important point to remember about the superlative forms is that they require a different sentence structure. Look at these two sentences:

Mae'r crys glas yn rhatach na'r crys coch
The black shirt is cheaper than the red shirt

Y crys gwyrdd ydy'r rhata
The green shirt is the cheapest

In the comparative sentence we have normal word order, with the verb first (**mae**) and a linking **yn** following on to the description word (**rhatach**). But when we use a superlative, as in the second example, we are by definition singling out one particular item for consideration – and this means that we are dealing with an *identification* sentence in Welsh (*Basic Welsh*, Unit 1). This requires the item to be stated first, and this in turn means that in the present we must use **ydy** (or **yw**) for 'is'. To look at it another way, we could ask ourselves what question the second example answers – and it must be 'Which shirt is the cheapest?' – in Welsh:

Pa grys   ydy   'r rhata?

Then, as is normal for identification questions in Welsh, the answer will have the same structure as the question, so:

Y crys gwyrdd   ydy   'r rhata

You should be aware that in more formal written Welsh the superlative ending is spelt **-af**, so **rhataf**, **trymaf** etc. But to pronounce it in this way sounds affected.

To say 'as ... as ...' (the equative) we use **mor°** ... **â** ... This **â** is officially followed by AM, a rule only applied with any consistency with a following **c-**; **â** becomes **ag** before a vowel:

mor gostus ag erioed	as expensive as ever
mor ddu â'r frân	as black as a (the) crow
mor brydferth â Chymru	as beautiful as Wales

Exercise 1

Make sentences using a comparative and a superlative, using the pattern shown in the example:

Example: llaeth – wyau – caws (*costus*)
Mae wyau yn fwy costus na llaeth, ond caws ydy'r bwyd mwya costus
Eggs are dearer than milk, but cheese is the dearest food of all

1 Abertawe – Aberystwyth – Bangor (*gogleddol*)
2 Twrci – Cymru – y Ffindir (*oer*)
3 Ron – Fred – Bert (*tlawd*)
4 *Neighbours – Home and Away – Power Rangers* (*diflas*)
5 Ffrangeg – Rwsieg – Fietnameg (*caled*)
6 Veronica – Fiona – Mandy (*cryf*)
7 dŵr – cwrw – gwin (*drud*)
8 Llundain – Paris – Prag (*prydferth*)

Exercise 2

Translate into Welsh:

1 Who is the tallest in this class?
2 It's so quiet here!
3 This one's as cheap as the other one
4 Sioned is the prettiest girl in town
5 Which is the poorest country in Europe?
6 This machine is the heaviest
7 Your (**ti**) car is the slowest of them all

8 This shirt isn't as expensive as that one
9 This book is the most useful one
10 These are the cheapest spectacles we have
11 This is the most hopeless film I ever saw
12 Who is the richest man in the world?
13 Who is the richest woman in the country?
14 This is the most boring programme I ever heard
15 People are as friendly here as ever
16 We are looking for the strongest Welshman
17 We're also looking for the strongest Welshwoman
18 We are expecting the coldest weather for some time (**ers talwm**) over the weekend
19 Is this game as popular as it was?
20 We need as dark a room as possible

UNIT SEVEN Uned saith
Comparison of adjectives III: irregulars

A number of very common adjectives form their comparatives, superlatives and (in some cases) equatives irregularly – these forms must simply be learnt.

		Comparative	*Superlative*	*Equative*
da	good	**gwell**	**gorau**	**cystal**
drwg	bad	**gwaeth**	**gwaetha**	**cynddrwg**
mawr	big	**mwy**	**mwya**	**cymaint**
bach	small	**llai**	**lleia**	**cynlleied**
isel	low	**is**	**isa**	
uchel	high	**uwch**	**ucha**	
hen	old	**hŷn**	**hyna**	
		or **henach**	**hena**	
ifanc	young	**iau**	**ieua**	
		or **ifancach**	**ifanca**	
hawdd	easy	**haws**	**hawsa**	
		or **hawddach**	**hawdda**	

The following points are worth noting:

1 **Gwell** means 'better', and not 'well', which is **yn dda.**
2 **Mwy** 'bigger' and **mwya** 'biggest' also mean 'more' and 'most' respectively.
3 Similarly, **llai** means both 'smaller' and 'less', and **lleia** both 'smallest' and 'least'.
4 **Hen, ifanc** and **hawdd** are often heard with regular comparative and superlative formations; **hŷn** is definitely preferred, though, for 'elder' and 'senior'.
5 Just as the regular equatives (**mor°** ...) dispense with the linking **yn** in descriptive sentences:

Mae hi'n dlawd
She is poor

but **Mae hi mor dlawd â llygoden eglwys**
She is as poor as a church mouse

so the irregulars above do the same:

Mae hwn cystal â hwnna
This one is as good as that one

6   The equatives **cymaint** and **cynlleied** have double meanings: **cymaint**
means both 'so/as big' and 'so/as much/many'; while **cynlleied** means
both 'so/as small' and 'so/as little/few':

Mae cynlleied o amser ar ôl	There is so little time left
Mae cynlleied o geir yn y dre	There are so few cars in town
Mae cymaint o blant fan hyn	There are so many children here
Mae cymaint o fwyd fan hyn	There is so much food here

Here are some further examples of these irregular forms:

Hwn ydy'r llyfr gorau
This is the best book

Mae'r crys 'ma'n teimlo'n llai, ond ydy?
This shirt feels smaller, doesn't it?

Dyma'r prisiau isa yn y dre ar hyn o bryd
These are the lowest prices in town at the moment

Dych chi'n llawer iau na fi
You're much younger than me

Ydy'r Gymraeg yn haws na'r Wyddeleg?
Is Welsh easier than Irish?

Exercise 1

Fill in the blanks with words from the box:

1 Mae Ben Nevis yn _____ _____ 'r Wyddfa,
   on'd ydy?
2 Dw _____ 'n teimlo'n _____ heddiw
3 Mae Abertawe'n fawr, _____ mae
   Caerdydd yn _____
4 P'un yw'r llyfr _____ ohonyn _____ i gyd?
5 Mae _____ afon yn _____ heddiw na ddoe
6 Mae'r prisiau 'ma _____ _____ iawn
7 _____ Cymru'n _____ na Lloegr
8 Rwsia _____ 'r wlad _____ yn y byd

ond	**nhw**
is	**na**
'r	**mae**
uwch	**fwy**
'n	**well**
gorau	**ydy**
i	**fwya**
llai	**isel**

Exercise 2

Translate into Welsh:

1   The situation is worse today than yesterday
2   This is the highest mountain in Wales
3   Can I introduce my elder brother?
4   Which is the best way to Cardiff from here?
5   We need a bigger house
6   Prices are lower here than over there
7   Things are looking better
8   Which is the biggest country in the world?
9   This room is smaller than I thought
10 There are so few people here!
11 I'm as good as you (**ti**)
12 There's so much food left!
13 Sarah is the oldest here
14 This is the worst programme on television
15 The river is very low today
16 This paper is bad, but that one's even worse
17 This plane flies higher than that one
18 Can I have a lower number?
19 Welsh is easier than Russian
20 There are so many people here!

UNIT EIGHT   Uned wyth
'Time'; ordinal numerals

We have already dealt with telling the time (*Basic Welsh*, Unit 30), but if you simply want to talk about 'time', you have to be careful about your choice of words. There are a number of words for 'time' in Welsh.

Amser is the general term for time as a concept or commodity:

Oes amser 'da chi?	Have you got time?
Mae amser yn brin	Time is short

Sometimes it is found with reference to a particular time:

Beth wyt ti'n wneud fan hyn amser 'ma o'r dydd?
What are you doing here at this time of day?

Pryd is used as the question word – **Pryd?** 'When?' – and should not be confused with the non-question 'when', which is usually **pan°**:

Pryd mae'r lleill yn dod?	When are the others coming?
pan o'n i'n blentyn	when I was a child

In addition, it is found in a number of common and useful time-related idioms:

ar hyn o bryd	at the moment
o bryd i'w gilydd	now and again; from time to time
ar brydiau	at times
ar y pryd	at the time; simultaneous
bryd hynny	then (= at that time)
hen bryd	high time

Gwaith (f.!) is used for saying how many times. Remember to use the feminine forms of numbers where appropriate:

unwaith	once	**pedairgwaith**	four times
dwywaith	twice	**cant o weithiau**	a hundred times
tairgwaith	three times	**mil o weithiau**	a thousand times

You also see its plural in the useful word **weithiau** 'sometimes'.

Tro is used if you want to say 'first/second/third etc. time'. For this you will need some ordinal numerals:

cynta	first	**chweched**	sixth
ail°	second	**seithfed**	seventh
trydydd (f. **trydedd**)	third	**wythfed**	eighth
pedwerydd (f. **pedwaredd**)	fourth	**nawfed**	ninth
pumed	fifth	**degfed**	tenth

Be careful: **cynta** follows the noun, while the rest of the ordinals precede it. So 'the first time' is **y tro cynta**, but from then on it is **yr ail dro**, **y trydydd tro**, **y pedwerydd tro**, **y pumed tro**, etc.

Other words for 'time' in Welsh include **adeg**, **cyfnod** and **oes**, all denoting periods rather than points in time:

adeg y rhyfel	(at) the time of the war
cyfnod y Dadeni	the time of the Renaissance
oes y deinosoriaid	the time of the dinosaurs

Exercise 1

Fill in the blanks from the box:

1 ___ 'r trydydd ___ i mi ddod fan hyn
2 Mae ___ ___ ffactor pwysig yma
3 ___ neb yn byw yma ___ hynny
4 Fe fydda i'n gwylio ___ teledu o ___ i'w gilydd
5 ___ bwyd yn brin ___ y rhyfel
6 ___ mae pethau annisgwyl ___ digwydd
7 Oes ___ 'da ni i fynd ___ ôl?
8 Am y ___ cynta erioed dw i ___ yn gwybod beth i ddweud

doedd	**'r**
tro	**amser**
adeg	**tro**
bryd	**yn**
dyma	**bryd**
amser	**ddim**
yn	**yn**
roedd	**weithiau**

Exercise 2

Translate into Welsh:

1 Have you (**ti**) got time to look at these?
2 I've explained all this three times already
3 At that time we were living in Bangor
4 Where were you (**chi**) at the time of the revolution?
5 I don't want to talk at the moment
6 She stayed in Ireland for the rest of her life
7 I'm looking forward to a period of rest

8   The age of the computer has arrived
9   This is the fourth time she's phoned this morning
10 There isn't much time left
11 Is time important to you (**chi**)?
12 Come (**chi**) back at lunchtime

UNIT NINE Uned naw
Aspect distinctions with VNs:
newydd°, ar°, heb° + VN

We have already encountered in *Basic Welsh* (Units 9, 37) the link-words **yn** and **wedi** used with a following VN:

(a) **Edrychwch, mae Pam yn mynd**   Look, Pam is going
(b) **Edrychwch, mae Pam wedi mynd**   Look, Pam has gone

In fact, the true function of these words when used with a following VN as here is that of *aspect marker:* they indicate something about the nature of the action referred to (here **mynd**) as perceived by the speaker. The marker **yn** is used to show ongoing action where no reference is made to its beginning or end. For this reason we find **yn** in the present, imperfect and (long) future. The marker **wedi**, on the other hand, indicates completed action, action that is done and finished with from the point of view of the speaker. This is why we find it in the perfect. From the two examples above and their translations, it is clear that what the speaker sees in (a) is Pam *in the process* of going – this is what would be said as she leaves. In (b) she has already gone – she could be miles away by now, in fact, so from the speaker's point of view the action of going is finished with.

Welsh has other, rather less frequently used but equally important, aspect markers, of which **ar°**, **newydd°** and **heb°** are the most common. Let's look at how they alter the basic pattern of auxiliary – subject – aspect marker – VN:

(c) **Mae Pam ar fynd**   Pam is about to go
(d) **Mae Pam newydd fynd**   Pam has just gone
(e) **Mae Pam heb fynd**   Pam has not gone

Notice first of all that:

like **yn** and **wedi**, these markers are directly followed by the VN;
unlike **yn** and **wedi**, they cause SM of the VN.

From the translations we can see that:

Ar° signifies that the action following is just about to begin.

Newydd° indicates action very recently completed; it brings completion of the action much closer to the present moment than is the case with **wedi**. By the way, don't be tempted by the English phrasing to put in a **wedi** as well – one aspect marker at a time is all you are allowed in Welsh.

Heb° signifies action that has not actually happened yet (and may not happen at all)

Here are some more examples:

Brysiwch, mae'r bws ar fynd!	Hurry up, the bus is about to go!
Dw i newydd glywed	I've just heard
Dych chi heb ddod â'r cwrw!	You haven't brought the beer!

Exercise 1

Change AFF sentences to NEG and vice versa using only **wedi** and **heb°**, and give an English translation of the result in each case:

Example:	Mae Sioned wedi mynd	(Sioned has gone)
	Mae Sioned heb fynd	Sioned hasn't gone

1 Dw i heb ddarllen y papur
2 O'n i wedi siarad ag e
3 Mae'r lleill heb ddod
4 Mae Rhodri wedi bwcio'r stafell
5 Dyn ni heb ddechrau
6 Mae'r plant heb orffen eu brecwast
7 Mae'r bws wedi gadael
8 Pwy sy wedi llofnodi'r ffurflen 'ma?

Exercise 2

Translate into Welsh, using **wedi**, **newydd°**, **ar°** and **heb°** as appropriate:

1 Are you (**chi**) about to phone?
2 She's just left
3 I haven't seen him
4 Fred hasn't paid
5 Have they just come back?
6 Have you (**ti**) just phoned them?
7 I haven't phoned yet
8 We've just seen the others
9 I was about to go out
10 They have apologized

Exercise 3

Match the Welsh and English phrases – one pair is already matched:

1 Mae hi newydd ddod
2 Mae hi wedi dod
3 Ydy hi wedi dod?
4 Mae e heb ddod
5 Ydy hi heb ddod?
6 Ydy e heb ddod?
7 Dyw hi ddim wedi dod
8 Ydy hi wedi dod?
9 Ydy hi newydd ddod?
10 Dyw e ddim yn dod

a Has he not come?
b Has she come?
c She hasn't come
d She's just come
e Has she just come?
f He hasn't come
g She has come
h Has she come?
i He's not coming
j Has she not come?

UNIT TEN **Uned deg**
Alternative preterite formations

We saw in *Basic Welsh* (Unit 25) that the preterite, denoting completed action in the past, is formed in Welsh by adding preterite *endings* to the *stem* of the verb. So, for example, **gweles i** or (more commonly) **weles i** 'I saw', from stem **gwel-** + first person singular ending **-es** + pronoun **i**. This we will call in what follows Preterite I.

But in Modern Welsh there are two other ways of forming the preterite, and by and large all three ways are interchangeable. Preterite II involves using the preterite of **gwneud** 'do' (**nes i**, etc. – *Basic Welsh*, Unit 27) as an auxiliary and tagging the main verb on its its VN (dictionary) form – in effect, turning 'I saw' into 'I did see', but without the distinction in meaning present in the English variants. This gives us for **gweld**:

	Singular	*Plural*
1	**nes i weld** I saw	**naethon ni weld** we saw
2	**nest ti weld** you saw	**naethoch chi weld** you saw
3	**naeth e/hi weld** he/she saw	**naethon nhw weld** they saw

Notice that the VN undergoes SM in Preterite II because it follows the subject.

Preterite III is confined to Northern areas, and operates along similar lines to Preterite II. In this case, however, an invariable auxiliary **ddaru** is used in place of the preterite of **gwneud**, giving the following pattern:

	Singular	*Plural*
1	**ddaru mi weld** I saw	**ddaru ni weld** we saw
2	**ddaru ti weld** you saw	**ddaru chi weld** you saw
3	**ddaru o/hi weld** he/she saw	**ddaru nhw weld** they saw

In both Preterite II and III, questions are formed simply by adding a question mark in writing, and changing intonation in speech: **Nest ti weld/Ddaru ti weld** 'You saw', **Nest ti weld?/Ddaru ti weld?** 'Did you see?' And negatives add **ddim** as usual after the subject, which nullifies SM on the VN: **Naeth e ddim gweld/Ddaru o ddim gweld** 'He didn't see'.

The advantages of Preterites II and III are many:

1   They are widely used by native speakers (though III is confined to the North, if understood everywhere).
2   They require no knowledge of the verb-stem, because they use the pattern auxiliary + VN.
3   This pattern avoids complications with **mo** in the NEG (*Basic Welsh*, Unit 28).
4   You do not have to worry about mutation variations with AFF, INT and NEG (*Basic Welsh*, Unit 26), because **nes i** etc. and **ddaru** are already mutated in any case.

It is true, however, that Preterite I is the standard in most forms of written Welsh, while II and III are not. All three preterite formations are normal in speech.

Exercise 1

Convert these standard preterite sentences into **gwneud** or **ddaru** preterites as indicated:

1   Ddaethoch chi ddoe?   (**ddaru**)
2   Es i ddim tan ddiwedd yr wythnos   (**ddaru**)
3   Lle arhosest ti neithiwr?   (**gwneud**)
4   Mi weles i nhw yn y dre   (**ddaru**)
5   Pryd ffonion nhw, 'te?   (**gwneud**)
6   Glywes i mo'r rhaglen, yn anffodus   (**gwneud**)
7   Beth awgrymodd Rhodri yn y diwedd?   (**gwneud**)
8   Anghofies i'n llwyr   (**ddaru**)
9   Fe syrthiodd y plant i gyd   (**ddaru**)
10 Diffoddodd hi'r teledu   (**gwneud**)

Exercise 2

Translate into Welsh using **gwneud** or **ddaru** preterites as indicated

1   I found the papers upstairs   (**gwneud**)
2   Did you (**chi**) see them at all this time?   (**ddaru**)
3   We visited the castle this morning   (**ddaru**)
4   I saw Simon and Louisa in London   (**ddaru**)
5   Simon and Louisa saw me in London   (**ddaru**)

6 Did they tell you (**ti**)? (**gwneud**)
7 We spoke to your (**ti**) friends yesterday (**gwneud**)
8 Did you (**ti**) book the tickets? (**gwneud**)
9 I didn't read the question properly (**gwneud**)
10 I complained about the food (**ddaru**)

Exercise 3

Convert these **gwneud** and **ddaru** preterite sentences into standard (inflected) preterites:

Example: Ddaru chi weld nhw?
            Weloch chi nhw?

1 Ddaru ti gael amser da yn Iwerddon?
2 Ddaru mi ffonio nhw neithiwr
3 Nes i ddim mynd yn y diwedd
4 Naethoch chi esbonio'r broblem iddo?
5 Ddaru Ron golli'r bws
6 Pwy naeth adael y drws 'ma ar agor?
7 Ddaru'r merched fynd am chwech
8 Nest ti godi'n gynnar bore 'ma?
9 Naeth Sioned wario gormod o arian
10 Ddaru'r lleill ddod wedyn

UNIT ELEVEN Uned unarddeg
Subordinate clauses I

Subordinate clauses, or 'that . . .' clauses, are reported speech or thought.
Here are some examples in English:

I think that the bus is late   (original thought: 'The bus is late')
He said Susan was ill   (original statement: 'Susan is ill')
I was sure the post had gone   (original thought: 'The post has gone')

The original thought or statement is very important in Welsh, because the
form of the link-word (= 'that') varies depending on how the original is
framed. Other than that, the principles are essentially the same in both
languages – but let's look, for example, at these two pairs of sentences:

1 (a)   **Mae'r bws yn dod**   (original thought/statement)
       The bus is coming
  (b) **Dw i'n meddwl**   **fod y bws yn dod**   (reported)
     I think   that the bus is coming
2 (a)   **Bydd y bws yn dod am ddeg** (original thought/statement)
       The bus will come at ten
  (b) **Dw i'n meddwl**   **y bydd y bws yn dod am ddeg** (reported)
     I think   that the bus will come at ten

In pair 1, the verb in the original (**mae**) is deleted, and a new word (**fod**)
put in its place to form the subordinate clause. You can probably see that
it does the work of both 'that' and 'is'. In pair 2, on the other hand, we
see a situation more like that in English, with a word for 'that' simply
inserted and no other changes made. In this unit we will deal with the
first type.

The rule with Welsh subordinate clauses is always go back and see what
the original thought or statement would look like, and more particularly
what it would begin with – this is what determines the form of 'that' in
the subordinate clause.

If the original would begin with the *present tense of bod* (this includes
the perfect, of course, which in Welsh is identical to the present but
with **wedi** substituted for **yn**), then this is the circumstance where we

substitute a new word for the verb that covers the 'that' as well. The form of the new word varies for person, and in addition there are standard and informal sets – learn both:

Standard	*Informal*	
mod i	**bo fi**	that I (am) . . . .
fod ti	**bo ti**	that you (are) . . .
fod e	**bo fe**	that he (is) . . .
bod hi	**bo hi**	that she (is) . . .
bod ni	**bo ni**	that we (are) . . .
bod chi	**bo chi**	that you (are) . . .
bod nhw	**bo nhw**	that they (are) . . .

The informal set is entirely confined to ordinary speech and never found in writing. For these units we will use the standard forms.

So, if we want to say 'I hear that she is ill today', we must first find the original idea:

Mae hi'n sâl heddiw   She is ill today

This statement begins with **mae**, which is present tense **bod**; we therefore replace it by the appropriate person from our **mod i** (etc.) set, and this does for 'that' as well, remember. This gives us:

. . . bod hi'n sâl heddiw   . . . *that* she *is* ill today
Dw i'n clywed bod hi'n sâl heddiw   I hear that she is ill today

With a noun following the 'that . . .', you are at liberty to use either **bod** or **fod** – note that the gender of the noun is immaterial here. In this book we will use **fod** in these cases.

Dw i'n meddwl fod Eleri wedi dod yn ôl
I think that Eleri has come back

Be careful with 'that', by the way: we can leave it out in English ('I hear she is ill today') but we still have to treat it as if it were there, even when it isn't.

Now look at this example:

Roedd e'n dweud *bod* hi'n sâl   He said *that* she *was* ill

This doesn't look like a present, but in fact the original statement was: here we are reporting something said earlier on, but if at the time he said 'She is ill', then the same principles apply. Remember it is the original statement or thought that counts in deciding.

The second type of subordinate clause, using **y**, will be dealt with in the next unit, while NEG subordinate clauses will be dealt with in Unit 13.

Exercise 1

Fill in the blanks from the box:

1 _____ i'n meddwl _____ hynny'n iawn
2 Mae pawb _____ gwybod _____ i'n dysgu Cymraeg
3 Wyt ti'n meddwl _____ nhw'n _____ ?
4 Wedodd Elwyn _____ chi _____ sâl
5 Dw i'n _____ _____ ni'n iawn
6 Gwnewch yn siwr _____ i'n rhoi _____ arian iawn i chi
7 _____ 'n amlwg _____ e'n bwriadu mynd
8 Dych _____ 'n siwr _____ hi'n fodlon?
9 Dw i _____ yn meddwl _____ Geraint eisiau dod
10 O't _____ 'n gwybod _____ nhw fan hyn?

bod	**ti**
bod	**'n**
mod	**mod**
chi	**fod**
siwr	**fod**
'r	**mae**
dw	**bod**
bod	**fod**
yn	**bod**
ddim	**dod**

Exercise 2

Translate into Welsh:

1 Are you (**ti**) sure that this is OK?
2 Rhodri says that you (**ti**) 're looking for a job
3 Everyone knows that she's learning Welsh
4 Did you (**chi**) know that Fiona was expecting?
5 Fred claims that he's lost the instructions
6 I think it's raining
7 They say that things are going to get worse
8 I don't think this is fair
9 I think I'm late
10 I hope it's warm enough here

Exercise 3

Make complex sentences using **o'n i'n meddwl ...** ('I thought ...') as in the example:

Example: **Mae Bert a Fred yn siarad Cymraeg** (*Ffrangeg*)
Bert and Fred speak Welsh

O'n i'n meddwl bod nhw'n siarad Ffrangeg
I thought that they spoke French

1 Mae Suzie'n hoffi pêl-droed (*dim o gwbwl*)
2 Mae Rhodri'n gweithio mewn ffatri (*swyddfa*)
3 Mae'ch rhieni'n dod yn ôl heddiw (*yfory*)

4   Mae'n chwaer i'n byw yn Lloegr (*Cymru*)
5   Mae brawd Dafydd yn mynychu Ysgol Llanafan (*Ysgol Llanilar*)
6   Mae'r heddlu'n dod yfory (*pnawn 'ma*)
7   Mae'r trên yn gadael am bump (*pedwar*)
8   Mae Louisa a Simon fan hyn (*draw fan'na*)
9   Mae'r rhaglen 'ma'n para am dair awr (*2 awr yn unig*)
10 Mae Fred yn cael ei benblwydd ym mis Medi (*Awst*)

UNIT TWELVE Uned deuddeg
Subordinate clauses II

In Unit 11 we saw how to make subordinate clauses from original state-ments/thoughts phrased in the present. In this unit we will see the easier option, where the verb at the start of the original is *not* the present tense of **bod**.

In these cases, there *is* a word for 'that', and it is tagged on to the front of the subordinate clause just as in English. Of course, the difference in word order between the two languages means that, unlike English, the word immediately following it will be the verb.

The word for 'that' in these cases is **y** (no mutation; and no connection with the definite article spelt the same way). Let's look at it in operation:

(original)		**Bydd y lleill yn hwyr iawn** The others will be very late
(subordinate)	**Dw i'n meddwl y** I think that	**bydd y lleill yn hwyr iawn** the others will be very late
(original)		**Gallan nhw ddod gyda ni** They can come with us
(subordinate)	**Dw i'n meddwl y** I think that	**gallan nhw ddod gyda ni** they can come with us

In the first case, although the verb beginning the original is from **bod**, it is not the present tense; while in the second example, the verb-form is nothing to do with **bod**, but is instead an inflected form of **gallu**. Either way, the criteria for using **bod/fod** etc. for 'that' are not fulfilled, so we simply insert the word **y** for 'that', and carry on.

Notice what happens in the next example:

(original)		**Fe fyddan nhw'n barod erbyn hyn** They will be ready by now
(subordinate)	**Dw i'n meddwl y** I think	**byddan nhw'n barod erbyn hyn** that they will be ready by now

(original)   **Fe alla i'ch helpu chi**
                                        I can help you

(subordinate)   **Dw i'n meddwl y   galla i'ch helpu chi**
I think   that I can help you

In these cases, we used the optional AFF marker **fe°** (it could have been **mi°**, for that matter) in our original statements. But these markers like to be at the very front of the sentence, so when we make a subordinate clause they have to be removed, together with the SM they cause, and the radical form of the verb restored.

There are cases where the original starts with something that isn't a verb at all. This is dealt with in Unit 34.

Exercise 1

Turn the subordinate clauses from PRES to FUT or vice versa:

Example: **Dw i'n meddwl fod Fred yn hwyr**
            I think Fred is late

            Dw i'n meddwl y bydd Fred yn hwyr
            I think Fred will be late

1 Dw i'n siwr y byddan nhw mewn pryd
2 Mae'n amlwg fod y lleill yn aros
3 Mae'n ymddangos y byddwn ni'n hwyr
4 Mae Sioned yn dweud y bydda i'n rhy gynnar
5 Dw i'n meddwl fod ti'n barod
6 Dych chi'n credu mod i'n iawn?
7 Ydy hi'n wir fod eich ffrind yn dod 'da ni?
8 Mae pawb yn gwybod bod nhw'n grac
9 Dw i'n siwr fod popeth yn iawn
10 Wyt ti'n meddwl y bydd digon o amser 'da ni?

Exercise 2

Translate into Welsh:

1 Did you (**ti**) know that the house was for sale?
2 I hope you'll (**chi**) be very happy
3 I think we'll have enough time after all
4 They say we'll have to try again
5 It's possible that we will succeed
6 I heard that the others will be along later
7 We know they'll be back
8 Are you sure you'll be OK?

9 Dewi says the book will be out next month
10 I'm sure we can help you (**chi**)

Exercise 3

Fill in the blanks from the box:

1 _____ _____ chi'n teimlo'n well
2 _____ glywes i _____ Siôn yn sâl
3 Dwedwch _____ fe _____ byddwn ni
   fan'na cyn hir
4 _____ i'n meddwl _____ i'n mwyr
5 Ydy hi'n bosib _____ bydd hi _____ ennill?
6 Dw i _____ yn credu _____ ti'n iawn
7 Gobeithio _____ bydd amser 'da _____
8 _____ Dafydd yn dweud _____ nhw'n
   barod

wrtho	dw
'n	bod
ni	y
fod	gobeithio
mae	fod
mod	bod
y	y
ddim	fe

UNIT THIRTEEN   Uned undeg tri
Subordinate clauses III

Just as the formation of subordinate clauses in Welsh depends on the verb in the presumed original, so the same applies when the original is a question or a negative. Let's look at this in English first:

(original)	Are they coming?	INT
(subordinate)	Go and ask them	if/whether they are coming
(original)	They are not coming	NEG
(subordinate)	I'm sure (that)	they are not coming

The problem here again is the link-word. For INT subordinates, the word is **(a)°**, which is simply inserted and corresponds to English 'if/whether' (notice that this kind of 'if' in English is interchangeable with 'whether'; there is another kind in conditional sentences, Units 17 and 18, which is not). This gives us:

(original)		**Ydyn nhw'n dod?**
(subordinate)	**Cer i ofyn**	**(a) ydyn nhw'n dod?**

The reason we put this **a** in parenthesis is that it is often not heard in normal speech, though the following mutation, where possible, is:

Dw i ddim yn siwr (a) fyddwn ni mewn pryd
I'm not sure if we'll be in time

This **(a)°** link is used for all INT originals beginning with a verb of any kind.

The situation with NEG originals is similar to that with AFF originals (Units 11 and 12): you must choose between two alternatives, depending on the form of the verb in the original. It is probably simplest to start from AFF.

Constructions using the **fod/bod** (etc.) link simply add a **ddim** after the subject:

(AFF)	**Dw i'n siwr fod e wedi cyrraedd**	I'm sure that he has arrived

(NEG)   **Dw i'n siwr fod e ddim wedi cyrraedd**   I'm sure that he
hasn't arrived

while constructions using the (**y**) link replace this by **na°** (or can be
followed by AM, especially words beginning **c-**):

(AFF)   **Mae Sioned yn dweud y byddwn ni'n hwyr**
Sioned says that we'll be late

(NEG)   **Mae Sioned yn dweud na fyddwn ni'n hwyr**
Sioned says that we won't be late

With **na°** . . . you can optionally include a **ddim** after the subject as well:

Mae Sioned yn dweud na fyddwn ni ddim yn hwyr

Exercise 1

Change these AFF clauses to NEG:

Example: **Mae Sioned yn dweud bod hi'n dod heno**
Sioned says that she's coming tonight

Mae Sioned yn dweud bod hi ddim yn dod heno
Sioned says that she isn't coming tonight

1 Wyt ti'n siwr y byddwn ni mewn pryd?
2 Maen nhw'n dweud fod y trên yn hwyr
3 Ydy'ch gŵr yn honni fod hynny'n iawn?
4 Fe glywes i y bydd yr awdurdodau'n ailfeddwl
5 Fe glywes i fod yr awdurdodau'n bwriadu ailfeddwl
6 Dw i'n siwr y galla i'ch helpu chi
7 Mae'n bosib y medr Dafydd ddod
8 Dw i'n gobeithio y byddi di'n talu'r bil 'ma

Exercise 2

Translate into Welsh:

1 Go (**ti**) and ask them if they're ready
2 Mair says she won't be able to speak
3 I wonder if this film is good
4 I've heard it's terrible
5 I don't know if this is right or not
6 Ron said you (**ti**) were ill
7 I think I'm ready to go now
8 It seems this house won't be for sale till next year
9 I hope they can't see us
10 Fred doesn't know if they've arranged the tickets yet

Exercise 3

Change these subordinate clauses into INT by changing **Dw i'n siwr ...** to **Cer i ofyn ...** :

Example: Dw i'n siwr fod hynny ddim yn iawn
            Cer i ofyn ydy hynny'n iawn

1 Dw i'n siwr na all Elwyn ein helpu ni
2 Dw i'n siwr bod hi'n rhy hwyr
3 Dw i'n siwr na alla i ddefnyddio cerdyn credyd fan hyn
4 Dw i'n siwr bod nhw ddim wedi deall
5 Dw i'n siwr fod y teledu ddim yn gwiethio
6 Dw i'n siwr y byddan nhw i gyd yn cefnogi ni
7 Dw i'n siwr fod dim amser 'da ni
8 Dw i'n siwr y bydd y lleill yn aros amdanon ni

UNIT FOURTEEN
Uned undeg pedwar
Relative clauses I

not for 'mae' in original sentence

Relative clauses are 'who/which ...' clauses. Like subordinate clauses (Units 11–13) they are complex sentences formed by linking two simple sentences into one larger one. Examples of relative clauses in English are:

(a) This is the man *who sold us that fridge*
(b) I want a book *which will send me to sleep*

The key to doing these in Welsh, as with subordinate clauses, is to identify the two original sentences that have now been linked. The form of the second sentence in Welsh will determine the link-word. For the English sentences above, then, (a) consists of

1	This is the man	**Dyma'r dyn**
2	He sold us that fridge	**Gwerthodd e'r oergell 'na inni**

and (b) breaks down into

1	I want a book	**Dw i eisiau llyfr**
2	It will send me to sleep	**Bydd e'n gwneud i mi gysgu**

We join the two originals together by means of (a)° ('who', 'which'), removing the subject from sentence 2 as we do so, because we can't have two subjects in what is now one sentence.

Dyma'r dyn (a) werthodd yr oergell 'na inni
Dw i eisiau llyfr (a) fydd yn gwneud i mi gysgu

We bracket **a** because it is usually not heard in normal speech, though its following mutation is. Another example:

Dw i'n nabod rhywun
I know someone

Gallai fe'ch helpu chi
He could help you

Dw i'n nabod rhywun (a) allai'ch helpu chi
I know someone who could help you

If the verb in the second sentence is NEG, then instead of **(a)°** we use **na°,** which includes both the 'who'/'which' *and* the 'not' in its meaning – the **ddim** in the original sentence can be deleted:

Dyma'r dyn   **Dalodd e mo'i fil**
This is the man   He didn't pay his bill

    Dyma'r dyn na dalodd ei fil
    This is the man who didn't pay his bill

Dw i eisiau car   **Fydd e ddim yn defnyddio gormod o betrol**
I want a car   It won't use too much petrol

    Dw i eisiau car na fydd yn defnyddio gormod o betrol
    I want a car that won't use too much petrol

With following **oedd** you use **nad** instead of **na**:

Dyma'r dyn   **Doedd e ddim yn bresennol ddoe**
This is the man   He wasn't present yesterday

    Dyma'r dyn nad oedd yn bresennol ddoe
    This is the man who wasn't present yesterday

Two final points:

1   Be careful with 'that', which is used in English as a synonym for 'which' in relative clauses, but also as the link-word in subordinate clauses:

    This is the car *that* uses least petrol   (relative)
    I'm sure *that* this car uses less petrol   (subordinate)

   If you are dealing with a relative 'that', then you will find that you can replace it by 'which' and still have the sentence make sense.

2   The **(a)°** and **na°** method is *not* used when the verb in the original sentence is **mae** – see the next unit.

Exercise 1

Change these simple sentences into relatives by prefixing **Dyma ... :**

    Example: **Fe achubodd y bobol 'ma ein cath ni**
                  These people saved our cat

                  Dyma'r bobol a achubodd ein cath ni
                  These are the people who saved our cat

1 Mi dorrodd y plant 'ma'r ffenest
2 Bydd y ferch 'ma'n canu ar ôl cinio

3 Roedd y bobol 'ma'n tynnu lluniau
4 Fe fydd y dyn 'ma'n cysylltu â chi
5 Roedd y bobol 'ma'n eistedd yn y gornel
6 Mi welodd y fenyw 'ma'r ddamwain
7 Fe ffoniodd y dyn 'ma'r heddlu
8 Bydd y nwyddau 'ma ar y farchnad wythnos nesa

Exercise 2

Translate into Welsh:

1 I need someone who'll be available all next week
2 Can you recommend a book that will make me laugh?
3 Which is the man who didn't answer the questions?
4 This is the book that was on television last night
5 There are people here who can help you (**chi**)
6 That's the man who called round yesterday
7 My brother lives in a house that was a chapel
8 We rented a cottage that wasn't big enough

Exercise 3

Change these simple sentences into NEG relatives using **Dyma ... :**

Example: Roedd y bobol 'ma'n tynnu lluniau
            Dyma'r bobol nad oedd yn tynnu lluniau

1 Roedd y dyn 'ma fan hyn heddiw
2 Mi dalodd y dyn 'ma ei fil
3 Fe gollodd y fenyw 'ma ei harian
4 Fe werthodd y dyn 'ma ei gar
5 Roedd y peiriant 'ma'n gweithio ddoe
6 Bydd y bobol 'ma'n dod heno
7 Mi ffoniodd y bachgen 'ma'r ambiwlans
8 Fe fydd y rhaglen 'ma'n cael gwobr

UNIT FIFTEEN   Uned pymtheg
Relative clauses II

As mentioned in the previous unit, complex sentences of the type

Dw i'n nabod rhywun   **Mae e'n siarad Pwyleg**
I know someone   He speaks Polish

do not use (**a**)° as the link-word 'who'/'which'. This is because the verb
in the second part is **mae**, which cannot be used with a preceding (**a**)°.
Other tenses of the verb **bod** are perfectly OK with (**a**)°, by the way: **a
fydd** 'who/which will be', **a oedd** 'who/which was', etc. But where we would
expect *__a mae__, we get a special form **sy** (or **sydd**), which does the work
of both the 'who'/'which' *and* the present tense verb. So 'I know someone
who speaks Polish' will be:

Dw i'n nabod rhywun sy'n siarad Pwyleg

This will be the procedure for any instance where **mae** refers back to the
subject, whatever the translation in English:

Dyma'r dyn   **Mae e wedi ateb ein hysbyseb**
This is the man   He has answered our advertisement

Dyma'r dyn sy wedi ateb ein hysbyseb
This is the man who has answered our advertisement

Cer i ofyn i'r ferch   **Mae hi'n gofalu am y cotiau**
Go and ask the girl   She looks after the coats

Cer i ofyn i'r ferch sy'n gofalu am y cotiau
Go and ask the girl who looks after the coats

And in the NEG (i.e. when the verb in the second sentence is **dydy/dyw
... ddim**), we simply use **sy ddim**:

Dyn ni angen rhywun   **Dydy e ddim yn bwyta cig**
We need someone   He doesn't eat meat

Dyn ni angen rhywun sy ddim yn bwyta cig
We need someone who doesn't eat meat

Another type of **mae**-relative involves 'whose':

This is the man whose sister lives next door

This derives from:

This is the man	His sister lives next door
Dyma'r dyn	**Mae ei chwaer yn byw drws nesa**

There is no word for 'whose' in Welsh, and in this case the two originals are simply pushed together, with an optional linking (**y**):

Dyma'r dyn (y) mae ei chwaer yn byw drws nesa

But why not (**a**)° + **mae**, giving **sy**? Because in this case the subjects of the two original sentences are different, whereas in **sy** sentences they are the same. The NEG, by the way, uses **nad ydy** (or **nad yw**, etc.) and looks like this:

Dyma'r dyn nad ydy ei chwaer yn byw drws nesa
This is the man whose sister doesn't live next door

We can summarize relative link-words in tabular form as follows:

Verb in sentence 2	*AFF*	*NEG*
mae (same subject in both parts)	**sy**	**sy ddim**
mae (different subjects)	(**y**)	**nad ydw, ydy**, etc.
all other	(**a**)°	**na**°

Exercise 1

Change these simple sentences into relatives by prefixing **Dyma . . .** :

Example: **Mae'r dyn 'ma'n siarad Gwyddeleg**
This man speaks Irish

Dyma'r dyn sy'n siarad Gwyddeleg
This is the man who speaks Irish

1 Mae'r garej 'ma'n gwneud gwaith da
2 Bydd yr athro 'ma'n mynd â'r plant i Lundain
3 Dalodd y dyn 'ma mo'i fil
4 Dyw'r bobol 'ma ddim yn siarad Ffrangeg
5 Mae'r ysbyty 'ma'n cau wythnos nesa
6 Dydy'r bobol 'ma ddim yn cael gwyliau eleni
7 Mae'r plant 'ma'n mynd i Lundain
8 Fydd y bachgen 'ma ddim fan hyn pnawn 'ma

Exercise 2

Translate into Welsh:

1 Where are the children who'll be coming today?
2 Who are the people who are not coming?
3 Can we have a dog that isn't too noisy?
4 These are the students who haven't passed the exam
5 I want someone who speaks French
6 I don't want someone who speaks French
7 I want someone who doesn't speak French
8 This is the man whose book I bought
9 This is the garage that does the best work
10 This is the book which is not on the reading list
11 This is the book that I don't want to read
12 These are the people whose children I saw
13 We need a car that won't let us down
14 Where is the girl who was looking after the coats?
15 I want to know if these people will be here tomorrow
16 Will you (**chi**) give me a book I can offer as a prize?
17 This is the programme I don't want to watch
18 Do you want a car that doesn't use much petrol?
19 Could you (**chi**) look at the papers that are left (**ar ôl**)?
20 This is the one we'll need

UNIT SIXTEEN
Uned undeg chwech
Conditional of **bod**; conditional of other verbs

To form the conditional ('would . . .'), we use the conditional of **bod**, for which there are two alternative sets of forms:

	Singular	*Plural*
1	**byddwn i** I would be	**bydden ni** we would be
2	**byddet ti** you would be	**byddech chi** you would be
3	**byddai fe/hi** he/she would be	**bydden nhw** they would be

	Singular	*Plural*
1	**baswn i** I would be	**basen ni** we would be
2	**baset ti** you would be	**basech chi** you would be
3	**basai fe/hi** he/she would be	**basen nhw** they would be

Although the **baswn** set is more associated with the North, both sets are widely heard all over Wales. Notice that the endings are the same for both sets.

Questions are formed by adding SM:

Fyddwn i'n hwyr? Faswn i'n hwyr?   Would I be late?

And the negative adds **ddim** to this mutated form:

Fyddwn i ddim yn hwyr
Faswn i ddim yn hwyr   I wouldn't be late

To form the conditional of other verbs, simply use the conditional of **bod** + **yn** + VN:

Bydden ni'n ceisio eto wedyn   We would try again later
Fyddet ti'n cytuno?   Would you agree?

Fasai'r plant ddim yn mwynhau   The children would not enjoy (it)

If you change the link-word from **yn** to **wedi**, you change the meaning to 'would have ...':

Bydden ni wedi ceisio eto wedyn   We would have tried again later
Fyddet ti wedi cytuno?   Would you have agreed?
Fasai'r plant ddim wedi mwynhau   The children would not have enjoyed (it)

And don't forget, of course, that the affirnmative markers **fe°** and **mi°** (*Basic Welsh*, Unit 18) can optionally be used in AFF sentences; so, for example, **Fe fydden ni wedi ceisio ...** , etc.

Exercise 1

Convert these sentences into the conditional – use the **baswn i** (etc.) conditional, and use **mi°** for AFF sentences:

1 Dyw Meleri ddim yn cytuno
2 Ydw i'n gynnar?
3 Mae'r ardd yn edrych yn neis
4 O'ch chi'n chwarae gwyddbwyll?
5 Bydd amser wedyn
6 Ddaethoch chi â'r plant?
7 Pwy wedodd hynny?
8 Dydyn nhw ddim yn siarad â hi
9 Roedd rhaid inni ymddiheuro
10 Yfon ni ormod

Exercise 2

Translate into Welsh – use the **byddwn i** (etc.) conditional, and **fe°** for AFF sentences:

1 Who would want to do that?
2 We wouldn't disturb the class
3 I wouldn't have enough time
4 Ron would understand our problem
5 Would you (**ti**) be able to see properly?
6 How much would these be?
7 That would be your (**ti**) problem (identification sentence!)
8 What would happen?
9 Eleri would be able to speak to us
10 Would we have to pay in advance?

Exercise 3

Convert these conditionals to the tense indicated:

1 Mi fyddai digon o amser ar ôl [FUT]
2 Faset ti ddim yn y lle iawn [PRES]
3 Fe fasai Sioned yn dweud yr un peth [PRET]
4 Fasech chi'n fodlon helpu? [PRES]
5 Byddwn i'n gwybod yr ateb [PRES]
6 Basai hynny'n neis iawn [IMPF]
7 Basai rhaid iddi gysgu ar y llawr, on' basai? [IMPF]
8 Mi fyddwn nhw i gyd yn dod ar ôl cinio [PRET]
9 Fyddet ti ddim yn gorfod teithio [FUT]
10 Faswn i ddim yn aros amdano fe [PRES]

UNIT SEVENTEEN
Uned undeg saith
Conditional sentences I: open conditions

The conditional is closely associated with 'if'. But things are not quite that simple, in Welsh or in English – look at these two sentences:

1 If Ron is here, I will tell him
2 If Ron were here, I would tell him

There is an important distinction of sense between the two. In the first example, whether or not Ron is here is an open question – he may or may not be, but if he is, the speaker will tell him whatever it is he has to tell him. But in the second example, it is clear that Ron is not here at all, and that this is a hypothetical situation – 'I would tell him', after all, means in effect that I'm not going to (I can't, because Ron's not here). The first type of condition above is called an *open condition*, because we simply don't know one way or the other; while the second is called a *closed condition*. You need to be able to identify them, and the best way is to look at the half of the English sentence that *doesn't* contain the 'if': if this non-'if' clause contains a 'will', then we have an open condition; if it contains a 'would' (or 'could', 'should' or 'might'), then we have a closed condition. This distinction is particularly important in Welsh, because there are different words for 'if' in open and closed conditions.

It may seem strange to be told now that the conditional (previous unit) is *not* used in open conditions; but this makes sense – the conditional is all about hypothetical situations (that's why it has unreality endings in Welsh) and we saw above that the hypothetical situation is the *closed* condition. Open conditions require **os** ('if') + present or future, and future in the other half.

Os ydy Ron fan hyn, weda i wrtho
If Ron is here, I'll tell him

In English the 'if' part of the open condition sentence is in the present, but if it refers to the future (as the English present can), then we usually require future in Welsh:

Os daw'r bws cyn deg, byddwn ni gartre erbyn unarddeg
If the bus comes before ten, we'll be home by eleven

Os ffoniwch chi, mi rodda i'r manylion i chi
If you phone, I'll give you the details

Either future is OK after **os**, but the short or inflected future, as above, is probably more common.

'If . . . not . . .' is done with **os na° . . .** (or optional AM, especially words beginning **c-**):

Os na fyddwch chi mewn pryd, byddwn ni'n gadael hebddoch chi
If you aren't (= 'won't be') in time, we'll leave without you

Os na ddaw'r bws, bydd rhaid ffonio 'n rhieni
If the bus doesn't (= 'won't') come, my parents will have to be phoned

Finally, note that it is always **os ydy . . .** and never *os mae . . . ; and that 'if there is/are . . .' is **os oes . . .** (or **os bydd . . .** if the sense is future), and 'if there isn't/aren't . . .' is **os nad oes . . .** (or **os na fydd . . .**).

Exercise 1

Without translating, decide which of these sentences are open (o.) conditions, and which closed (c.):

1 I'll be cross if he's late
2 If you don't tell me, I'll just ask Ron
3 I wouldn't mind if he wanted to go
4 It'll be difficult if he decides not to
5 Come with me if you want to live
6 If Suzie refused, we'd have to think again
7 If everything's in order, we'll get on
8 You could have been hurt if that kettle had been full
9 If I buy the fish, will you buy the chips?
10 If you knew what I know, you'd do what I'm doing

Exercise 2

Translate into Welsh:

1 If I see Ron, I'll ask him
2 Will you (**ti**) drive the car if I carry the bags?
3 If we've got time later I'll explain everything
4 Ron will have to go by bus if there's a rail strike (say: 'a strike on the railways')
5 If there's a bus strike, we can go by train

6 If I win on the lottery, I'll give you all a million
7 If they're not ready now, it's too late
8 If you're (**ti**) not here in time, we'll have to wait for you
9 Can I try once more, if there's time?
10 If they're not willing to help, we might as well go
11 If you're (**ti**) serious, we'd better phone the authorities now
12 I'll walk if the bus doesn't come soon
13 If everything goes OK, we'll phone you (**ti**) at home
14 If you (**ti**) don't come tomorrow, I'll have to explain to Fiona
15 It'll be too late if you're (**chi**) not here by ten
16 Phone this number if you want more details
17 If Gwenith is ill, we'd better wait till tomorrow
18 If Gwenith is ill tomorrow, we'll have to wait till next week
19 If everyone agrees, we'll go on to discuss the details
20 I'll be surprised if Sioned doesn't come back by this afternoon

UNIT EIGHTEEN Uned deunaw
Conditional sentences II: closed conditions

Just as the tense arrangement for open conditions in Welsh is 'if' + *future* (*or present*), *future*, so that for hypothetical closed conditions is 'if' + *conditional*, *conditional*. Watch out again: in the English 'if'-clause we usually find what looks like a past tense ('if he came' = some American dialects 'if he would come'), but in Welsh we need conditional in both parts. For the 'if'-clause, we use either the hypothetical 'if' **pe**, or a special set of verb-forms that include the idea of hypothetical 'if':

pe byddwn i	**pe bydden ni**	**taswn i**	**tasen ni**
pe byddet ti	**pe byddech chi**	**taset ti**	**tasech chi**
pe byddai fe/hi	**pe bydden nhw**	**tasai fe/hi**	**tasen nhw**

Note that **taswn i** (etc.) is short for **petaswn i** (etc.). There are a number of other alternative ways of doing the 'if'-conditional – **pe bawn i**, **pe baswn i**, **pe tawn i** are all just as good.

Used with the **yn** link, these conditionals correspond to English 'if I ... (did something), I would ... (do something)', etc. But if you replace **yn** with **wedi** in both parts, you change it to 'if I had ... (done something), I would have ... (done something)', etc. Compare:

(open) **Os bydd y llyfr yn edrych yn ddiddorol, bydda i'n prynu fe**
If the book looks interesting, I'll buy it

(closed – yn) **Tasai'r llyfr yn edrych yn ddiddorol, baswn i'n prynu fe**
If the book looked interesting, I would buy it

(closed – wedi) **Tasai'r llyfr wedi edrych yn ddiddorol, baswn i wedi prynu fe**
If the book had looked interesting, I would have bought it

Notice that these represent increasing levels of unreality – from the open condition of the first, through the closed **yn**-conditional which imposes strict limits on the action of buying, to the closed **wedi**-conditional where, in fact, I didn't buy the book at all.

Exercise 1

Fill in the blanks from the box:

1 Byddwn i'n iawn pe _____ amser 'da _____
2 Fe esbonia _____ bopeth nes ymlaen, os dych chi _____
3 Fe fydda _____ yn _____ dre amser cinio os _____ ti'n moyn _____ panaid
4 Os daw _____ brawd yn _____ heddiw, rhowch wybod inni
5 Tasai Ron fan _____ nawr, mi _____ fo'n cytuno
6 _____ byddech chi _____ fwy gofalus, fyddai'r fath beth _____ yn digwydd mor aml
7 _____ fydden ni wedi bod yn fodlon talu _____ byddai'r gwasanaeth _____ bod yn well
8 _____ rhaid inni _____ os _____ ddôn nhw cyn hir
9 Os bydd amser yfory, awn _____ i'r amgueddfa
10 _____ i'n gyfoethog, baswn i' _____ prynu tŷ mwy

i	pe	ni	wyt
byddai	'n	mi	taswn
wedi	eisiau	fynd	pe
i	'ch	fasai	na
ddim	ôl	y	fi
bydd	'n	cael	hyn

Exercise 2

Translate into Welsh (use the **byddwn** conditional for this exercise):

1 Would you (**ti**) make the tea if I made the sandwiches?
2 It'll be too late if you (**chi**) don't go at once
3 If Gwenith came tomorrow, we would have enough people
4 Would it be better if I stayed here?
5 We'll have to give up if the weather gets worse
6 If the food is ready, we might as well go in
7 It would be too late if you (**chi**) didn't go by midday
8 You'd (**ti**) have to phone if the train were late

Exercise 3

Change open conditions to closed, and vice versa (use short future where appropriate):

Example: Pe byddai Ron fan hyn yfory, byddwn i'n dweud wrtho
Os bydd Ron fan hyn yfory, dweda i wrtho

1 Mi fyddai popeth yn iawn pe byddech chi'n cyrraedd erbyn deg
2 Fydden ni ddim yn hapus pe byddai Bert yn cael y swydd
3 Os doi di gyda ni, byddi di'n cael gyrru'r car
4 Pe byddai'r gweddill yn aros fan hyn, byddai digon o le ar y bws
5 Os edrychwch chi fan hyn, mi fyddwch chi'n gweld yn union beth sy'n bod
6 Fydd dim digon o amser os na nei di hyn ar unwaith
7 Tasai Suzie yn mynd ar gwrs, basai rhaid i chi wneud ei gwaith
8 Fyddwch chi'n grac os na ddown ni?

UNIT NINETEEN
Uned undeg naw
Other unreality verbs: gallwn/medrwn i, dylwn i, leiciwn/hoffwn i

In Unit 16 we encountered a new set of verb endings with the conditional of **bod**. These endings are termed *unreality* endings, and co-exist in the Welsh verb system with two other sets, *past* (used for the pereterite – *Basic Welsh*, Units 25, 27) and *non-past* (mainly used for the future – Units 1 and 2). To recap, the unreality set looks like this:

	Singular	Plural
1	-wn i	-en ni
2	-et ti	-ech chi
3	-ai fe/hi	-en nhw

In the modern language the unreality endings are far more restricted in scope than the other two sets. Apart from the conditional of **bod**, they only occur with any frequency in three main verbs: **dylwn i** 'I ought to, should', **gallwn i/medrwn i** 'I could' and **leiciwn i/hoffwn i** (**carwn i** – S) 'I would like'. All three deal with situations which may be regarded as not being real, i.e. hypothetical: if I 'ought' to do something, for example, that doesn't mean I'm necessarily going to do it; if I 'could' do something, or if I 'would like' to, the same is true. Let's look at these verbs in action:

Dylwn i fynd	I ought to go
Gallwn i fynd	I could go
Leiciwn i fynd	I would like to go

The first thing to notice is that they are followed directly by the VN, with *no* linking **yn**; and because there is no **yn** after the subject, the following VN undergoes SM. (**Byddwn i'n mynd** 'I would go', on the other hand, *does* have **yn** because **byddwn** is part of **bod**, and consequently SM is blocked.)

Notice these points of meaning:

Gallwn i, strictly speaking, means 'could' in the sense of 'would be able'. There is another meaning of 'could' in English, namely 'was able', and this is usually done in Welsh with the imperfect, as we would expect:

> **Gallwn i weld taset ti'n tynnu dy het**
> I could (= would be able to) see if you took off your hat

but **O'n i'n gallu gweld popeth**
> I could (= was able to) see everything

Leiciwn i means 'would like', *not* 'like' – compare:
> **Leiciech chi goffi?**
> Would you like (some) coffee?

but **Dych chi'n leicio coffi?**
> Do you like coffee?

Questions and answers are done in the usual way – SM for INT:

> **Ddylwn i fynd?**   Should I go?
> **Allwn i fynd?**   Could I go?
> **Leiciet ti fynd?**   Would you like to go?

and SM + **ddim** for NEG:

> **Ddylwn i ddim mynd**   I shouldn't go
> **Allwn i ddim mynd**   I couldn't go
> **Leiciwn i ddim mynd**   I wouldn't like to go

Notice how, in the NEG, the **ddim** blocks mutation of the VN.

Exercise 1

Match the Welsh and English sentences – one pair is already matched:

1	Ddylech chi fynd?	a	Could you go?
2	Fe leiciwn i fynd	b	She ought to go
3	Leiciet ti fynd?	c	You could go
4	Mi ddylai hi fynd	d	You'd like to go
5	Gallet ti fynd	e	Should you go?
6	Ddylech chi ddim mynd	f	Should she go?
7	Leiciech chi fynd	g	I'd like to go
8	Allech chi fynd?	h	Would you like to go?
9	Mi leiciai hi fynd	i	She could go
10	Dylet ti fynd	j	You ought to go
11	Fe allai hi fynd	k	You shouldn't go
12	Ddylai hi fynd?	l	She'd like to go

Exercise 2

Translate into Welsh (where appropriate, use **gallu** and **leicio** in this exercise):

1   We should wait here
2   We shouldn't wait here
3   Go and ask if Fred would like to come
4   Ought you (**ti**) to wear that tonight?
5   I think we ought to go now
6   Could you (**chi**) help me with these bags?
7   Would your (**chi**) friends like some more coffee?
8   Should we ask them?
9   I'd like to discuss this with you (**chi**), if I can
10 Do your (**chi**) friends like coffee?
11 Ron and Fifi could stay with us
12 Who could do this work for us, I wonder?
13 I don't know if I should tell you (**ti**), but ...
14 You (**ti**) shouldn't shout like that
15 I could see that you (**ti**) were ill
16 I wonder if you (**ti**) could sit over there
17 People shouldn't say things like that
18 Fred couldn't drive this car – it's too small for him
19 I couldn't accept this money
20 Would you (**ti**) like some milk in your tea?

UNIT TWENTY Uned ugain

Unreality verbs with **wedi**: 'should have . . .', 'could have . . .', 'might have . . .', etc.

Look at these two sentences:

> **Byddwn i'n mynd pe byddai Sioned yn mynd hefyd**
> I would go if Sioned went as well

> **Byddwn i wedi mynd pe byddai Sioned wedi mynd hefyd**
> I would have gone if Sioned had gone as well

You can see that unreality endings + **wedi** correspond to English 'would have . . .' etc. **Wedi** can be used in a similar way with **dylwn i**, **gallwn i** and **leiciwn i**, but generally we see a slight structural difference – compare:

Bydden ni wedi mynd	We would have gone
Dylen ni fod wedi mynd	We should have gone
Gallen ni fod wedi mynd	We could have gone
Leicien ni fod wedi mynd	We would have liked to go
	We would like to have gone

You will have noticed that a **fod** appears before the **wedi** when the verb at the start is not some form of **bod**. Although this practice is not universally adhered to, locutions like **dylen ni wedi mynd** do sound incomplete to many native speakers. Further examples:

Allen nhw fod wedi gadael?	Could they have left?
Ddylai hi fod wedi dweud hynny?	Should she have said that?
Allwn i ddim fod wedi derbyn yr arian	I couldn't have accepted the money

In the NEG (last example) we have **. . . ddim fod wedi . . .** Note the generally fixed mutation of **fod** in these constructions, even where we would expect SM to be blocked by the **ddim**.

This deals with 'should have . . .', 'could have . . .', 'ought to have . . .' and 'would have liked . . .'; but what about 'may have . . .', 'might have . . .' and 'must have . . .'? The problem with the first two is that there is simply no verb in Welsh corresponding to the English modal 'may'/'might'.

This means that we must paraphrase, and say (instead of 'he may have arrived') 'perhaps he has arrived'. This will involve **efallai** or **hwyrach** (N) followed by a subordinate clause, giving:

Efallai fod e wedi cyrraedd

Review subordinate clauses in Units 12 and 13 if you are uncertain about this procedure.

'Might have ...' is more problematic, and the best way for English speakers to approach this is to identify the difference between 'may have ...' and 'might have ...' in English. Consider these two newspaper headlines:

(a) Tourists may have drowned
(b) Tourists might have drowned

The difference between these is fundamental (even though many journalists are seemingly unaware of it!): (a) means that, for all we know, the tourists are dead – nobody knows because they haven't been found; while (b) means that the tourists are definitely very much alive – they *could have* been drowned, but in fact they weren't. And the 'could have ...' is the key to our problem – we use **gallwn i** (etc.) **fod wedi**. So our two sentences in Welsh are:

(a) **Efallai fod twristiaid wedi boddi**
(b) **Gallai twristiaid fod wedi boddi**

This leaves 'must have ...' – another problem because **rhaid** 'must' (*Basic Welsh*, Unit 34) is not a verb in Welsh. Furthermore, 'must have ...' in a sentence like 'Ron must have arrived by now' indicates *not* obligation but *supposition*, and in this meaning **rhaid** is followed by a subordinate (usually **bod/fod** etc.) clause. In effect we say:

(It) must (be) that Ron has arrived by now
Rhaid bod Ron wedi cyrraedd erbyn hyn

You can find out more about the modals in Welsh in *Modern Welsh: a Comprehensive Grammar* (Routledge, 1993).

Exercise 1

Match the Welsh and English sentences – one pair is already matched.

1	Dylwn i fod wedi dweud	a	She shouldn't have said
2	Gallai hi fod wedi dweud	b	She should have said
3	Allwn i fod wedi dweud?	c	You should have said
4	Ddylwn i ddweud?	d	She could say
5	Dylai hi fod wedi dweud	e	Should I say?

6	Ddylwn i fod wedi dweud?	f	Should I have said?
7	Dylech chi ddweud	g	I should have said
8	Allai hi ddweud?	h	Could I have said?
9	Ddylai hi ddim fod wedi dweud	i	She could have said
10	Gallai hi ddweud	j	She couldn't have said
11	Allai hi ddim fod wedi dweud	k	You should say
12	Mi ddylet ti fod wedi dweud	l	Could she say?

Exercise 2

Translate into Welsh (use **gallu** for 'could' in this exercise):

1 You (**ti**) could have told me!
2 I wonder if we should have explained that?
3 What could we have done?
4 I think you (**chi**) should have waited
5 They must have left already
6 You (**ti**) could have helped
7 I would have liked to discuss this with him
8 The children might have fallen
9 The decision may have come too late
10 Could I have helped at all?
11 We should have booked earlier
12 We may have to reorganize the trip
13 The school must be closed by now
14 Sioned couldn't have written this
15 The thieves may have escaped
16 We could have fed the birds if we'd had time
17 The game may have begun already
18 They could have warned us
19 I might come tomorrow if I can
20 These papers may have belonged to George Washington

UNIT TWENTY-ONE
Uned dauddeg un
Colloquial passive construction
with cael

Consider these two English sentences:

Ronnie paid the bill   (active construction)
The bill was paid by Ronnie   (passive construction)

In the active sentence, 'Ronnie' is the subject (the doer of the action) and 'the bill' is the object (the receiver of the action). In the passive sentence, the receiver of the action becomes the grammatical subject, and the doer is specified at the end. This reversal of grammatical roles is the essence of the passive.

In Welsh, the verb **cael** ('get') is central to the passive. In effect we say 'The bill got paid' (we often do this in English as well – 'Fred got arrested last night'):

Cafodd y bil ei dalu

You may have noticed that there is an extra word present here: the possessive adjective **ei** ('his', 'her', 'its' – *Basic Welsh*, Unit 15). Literally we are saying here 'the bill got its paying', and this is how you must always think of the passive in Welsh. More examples:

Cafodd y tŷ ei godi	The house was built
Cafodd y dyn ei arestio	The man was arrested
Cafodd Susie ei gweld	Susie was seen

Clearly the pattern here is

[**cael**] – [subject] – [possessive adjective] – [VN]

of which the two crucial elements are **cael** and the possessive adjective. You need to be confident of **cael** in all tenses, and of the range of possessive adjectives and the mutations that follow them. These possessives will vary depending on the person or thing involved: for example, **cafodd e ei dalu**, but **cawson nhw eu talu**, **ces i nhalu**, **gest ti dy dalu?** etc. Note that the 'echoing' or reinforcing pronoun usually associated with the possessive adjectives (**ei gar *e*, ei char *hi***) is not used in the passive (so not:

*cafodd e ei dalu e). It is also worth pointing out that the English participle is represented in Welsh by the simple VN, so the change from 'see' or 'saw' to 'seen', for example, does not apply.

In passive constructions, the doer of the action comes last in the phrase, and is introduced by **gan°** ('by'):

> **Fe gafodd y tŷ ei godi gan frawd Rhodri**
> The house was built by Rhodri's brother

Exercise 1

Turn these active sentences into passives:

Example: Fe gododd Iwan y tŷ 'ma llynedd
            Fe gafodd y tŷ 'ma ei godi gan Iwan llynedd

1   Mi welodd Bert nhw yn y dre
2   Bydd y plant yn tacluso'r stafell
3   Fe blannodd Fred y planhigion 'ma ddoe
4   Mae'r fyddin yn dinistrio'r ddinas
5   Mi fwydodd Alun yr adar yn yr ardd
6   Basai Dafydd yn llofnodi'r llythyr
7   Llofnododd Dafydd y llythyr
8   Roedd Suzie'n trwsio'r recordydd fideo
9   Fe werthodd Elen y llyfrau
10 Fe arestiodd yr heddlu dri dyn neithiwr

Exercise 2

Translate into Welsh:

1   This house was built two years ago
2   The cars are being stopped by the police
3   You (**chi**) will be arrested if you go in
4   Three windows were broken last night
5   This problem will be solved before long
6   Is this book read by everyone?
7   This new shop will be opened by Jeremy Beadle tomorrow
8   All the phone lines were cut
9   The bill was paid on time
10 The animals are fed every morning

Exercise 3

Change the tenses in these passive sentences as indicated:

1 Fe gafodd y rheolwr ei ddiswyddo   [FUT]
2 Wyt ti'n cael dy dalu am y gwaith?   [IMPF]
3 Mae'r ffatri 'ma'n cael ei chau   [PRET]
4 Ydy'r papurau'n cael eu danfon heddiw?   [PRET]
5 Bydd y goleuadau'n cael eu diffodd   [PRET]
6 Gest ti dy dalu am y gwaith?   [FUT]
7 Mi ges i nhaflu allan o'r dafarn   [CONDT]
8 Fydden nhw'n cael eu holi gan yr heddlu?   [PRET]
9 Fe fydd y bwyd yn cael ei gadw fan hyn   [PRES]
10 Mi geith y llong ei lansio eleni   [PRES]

UNIT TWENTY-TWO
Uned dauddeg dau
Stative passives with
wedi and **heb**°

Look at these two sentences:

1 The city was destroyed
2 The city was destroyed

At first sight they may look identical, but if we add a bit more to put them in context:

1 The city was destroyed (by the enemy's airforce)
2 The city was destroyed (by the time we arrived)

you will probably be aware that 1 indicates an *event* taking place, while 2 describes a *state* of affairs. Put another way, the image we have from 1 is of the destruction of the city taking place and in progress, while from 2 we have an image rather of a destroyed city, in ruins, after the event has taken place. This, in essence, is the distinction between *dynamic* (1) and *stative* (2) passives. The difficulty for speakers of English comes from the fact that English generally uses the same auxiliary ('be') for both; but other languages do make the distinction – for example, German with the *werden-* and *sein*-passives – and so does Welsh, where the dynamic passive is done with **cael** (previous unit), but the stative with **bod**:

1 **Fe gafodd y ddinas ei dinistrio (gan lu awyr y gelyn)**
2 **Roedd y ddinas wedi'i dinistrio (erbyn inni gyrraedd)**

Notice that both types use a possessive adjective + VN, but that what precedes is rather different:

[**cael**] + [subject] + [possessive adjective] + [VN]
[**bod**] + [subject] + [**wedi**] + [possessive adjective] + [VN]

In effect, the stative passive is a variation on the common descriptive structure

[**bod**] + [subject] + [adjective]

and we can draw a parallel between

	Mae'r ddinas yn fawr	The city is big
and	**Mae'r ddinas wedi'i dinistrio**	The city is destroyed

equating **fawr** and **wedi'i dinistrio** as adjectives – which indeed they are in the sense that they both describe an attribute of **dinas**. True, the constructions are not exactly parallel, even taking the phrase [**wedi'i dinistrio**] 'destroyed' as one unit of meaning. Normally we require a linking **yn** between **bod** and a description (*Basic Welsh*, Unit 11), but the 'ongoing' sense inherent in **yn** (*Basic Welsh*, Unit 11) would clash with the 'finished and done with' sense of this construction.

As with the **cael**-passive, however, the possessive element is present (this time between the **wedi** and the VN) and varies according to person:

Dw i wedi nhrechu	I am defeated (= have been defeated)
Mae e wedi'i drechu	He is defeated
Dyn ni wedi'n trechu	We are defeated
Maen nhw wedi'u trechu	They are defeated

This **wedi** + [possessive] + [VN], then, corresponds to the '-ed' participle in English. And if you replace **wedi** by **heb**, the effect is to indicate a state that has not yet occurred – equivalent to prefixing 'un-' to the English participle. Compare:

Llythyr wedi'i agor	An opened letter
Llythyr heb ei agor	An unopened letter
Mae'r bil 'ma heb ei dalu	This bill is unpaid/has not been paid

This last example is reminiscent of the use of **heb**° for **ddim wedi** in **wedi**-tenses:

	Dw i ddim wedi talu'r bil	
or	**Dw i heb dalu'r bil**	I haven't paid the bill

Exercise 1

Translate into Welsh:

1 an unpaid bill
2 a rebroadcast programme
3 a rented television
4 a repaired car
5 an unheard song
6 a president elected by the people
7 an unelected quango
8 an unsolved problem
9 a book written by Proust
10 a tidied room

11 an uneaten meal
12 an unbroadcast programme
13 a mended watch
14 an unanswered question
15 a song composed by the Beatles
16 an unused stamp
17 a bill paid by (a) cheque
18 a closed door
19 an unwashed car
20 an unelected official
21 a cheque signed by Madonna
22 an opera written by Mozart
23 a book published by Routledge
24 an unfinished novel
25 a picture taken in Salzburg

UNIT TWENTY-THREE
Uned dauddeg tri
Formal or short passive in
-ir and **-wyd**

In Unit 21 we saw how **cael** is used to form the passive construction. This is the normal method in spoken and informal Welsh. But in written Welsh, and particularly in the newspapers and media, a different, more concise method is used which involves adding special autonomous/impersonal endings directly to the *verb-stem* (*Basic Welsh*, Unit 24), instead of using **cael** + possessive adjective + VN. Compare the following informal and formal/media passives:

Cafodd y tŷ *ei godi* *Codwyd* y tŷ	The house *was built*
Bydd **lluniaeth ysgafn** *yn* *cael ei darparu* *Darperir* **lluniaeth ysgafn**	Light refreshments *will be provided*

Only two endings are available for this passive in the modern language: **-wyd** (past) and **-ir** (non-past). So, for example, **agorir** means either 'is opened', 'is being opened' or 'will be opened' according to context:

Agorir **y llyfrgell bob bore am naw**
The library *is opened* every morning at nine

Agorir **siop fwydydd newydd yn y pentre wythnos nesa**
A new food shop *is being opened/will be opened* in the village next week

Similarly, **agorwyd** means 'was opened' or 'has been opened':

Agorwyd **yr arddangosfa'n swyddogol gan ein haelod seneddol**
The exhibition *was* officially *opened* by our MP

Agorwyd **swyddfa newydd yn y Bala**
A new office *has been opened* in Bala

The **-ir** ending alters a stem whose last vowel is **-a-**, changing it to **-e-**: **dosbarthu** (stem **dosbarth-**) 'deliver', **dosberthir** 'is/will be delivered'; but **dosbarthwyd** 'was delivered'.

As these forms are verbs with endings, you can use the affirmative particles **fe°/mi°** – **Fe dalwyd y bil yn brydlon** 'The bill was paid promptly'. INT forms for these passives prefix **a°**:

A dalwyd y bil?   Was the bill paid?

and NEG forms prefix **ni** (AM on **c-**, **p-** and **t-**, otherwise SM):

Ni thalwyd y bil	The bill was not paid
Ni ddarperir lluniaeth	Refreshments will not be provided
Ni roddwyd gwobr	No prize was given

Note that the irregular verbs **mynd**, **gwneud**, **dod** and **cael** have irregular autonomous forms, some of which are more common than others:

mynd	**eir**	**aethpwyd**
gwneud	**gwneir**	**gwaethpwyd**
dod	**deuir**	**daethpwyd**
cael	**ceir**	**cafwyd**

This passive with endings is much favoured in the media, probably because it is so neat, and is widely accepted in this context. In speech, however, **-ir** is unknown and **-wyd** rare.

Exercise 1

Convert these **cael**-passives into media passives – use **fe°** where appropriate:

1 Bydd eich cyflog yn cael ei dalu'n fisol
2 Fe gafodd siop newydd ei hagor
3 Mae'r arian yn cael ei rannu rhwng y ddau
4 Fydd y cytundeb yn cael ei adnewyddu?
5 Cafodd tri dyn eu hanafu
6 Fe gafodd y llyfrgell ei chau am bump heddiw
7 Gafodd yr arian ei golli?
8 Bydd y ganolfan hamdden yn cael ei hagor yfory
9 Bydd y ddogfen yn cael ei chyfieithu
10 Gafodd ŷ ty ei werthu?

Exercise 2

Translate into Welsh using media passives – use **fe°** where appropriate:

1 This picture was taken by the offical photographer
2 All the plants were sold
3 Welsh is spoken here
4 More financial help was offered

5 A new shopping centre will be developed
6 Will an index be included?
7 Was the accident caused by this man?
8 It is claimed that nothing is wrong

Exercise 3

Convert these media passives into **cael**-passives:

1 A drefnwyd lluniaeth?
2 Ni thalwyd eich cyflog hyd yn hyn
3 Fe losgwyd y tŷ'n ulw
4 Fe gaewyd y swyddfa
5 Fe gwblhawyd y gwaith erbyn y Gaeaf
6 Ni etholwyd Bert Bloggs
7 A esboniwyd y sefyllfa?
8 A bwysleisiwyd y prif bwyntiau?
9 Fe dorrwyd y cysylltiad â Chymru yn y 60au
10 Fe wnaethpwyd y dilledyn mewn ffatri yn y De

UNIT TWENTY-FOUR
Uned dauddeg pedwar
More conjugated prepositions

In *Basic Welsh* (Units 21, 22) we saw how most Welsh simple preposi-
tions have a range of personal forms for use with pronouns. Here is the
last batch for you to learn: **dros°, drwy°, dan°, heb°, rhag, rhwng.**

drosta i	**drwydda i**	**dana i**
drostat ti	**drwyddat ti**	**danat ti**
drosto fe	**drwyddo fe**	**dano fe**
drosti hi	**drwyddi hi**	**dani hi**
droston ni	**drwyddon ni**	**danon ni**
drostoch chi	**drwyddoch chi**	**danoch chi**
drostyn nhw	**drwyddyn nhw**	**danyn nhw**
hebdda i	**rhagdda i**	**rhyngdda i**
hebddat ti	**rhagddat ti**	**rhyngddat ti**
hebddo fe	**rhagddo fe**	**rhyngddo fe**
hebddi hi	**rhagddi hi**	**rhyngddi hi**
hebddon ni	**rhagddon ni**	**rhyngddon ni**
hebddoch chi	**rhagddoch chi**	**rhyngddoch chi**
hebddyn nhw	**rhagddyn nhw**	**rhyngddyn nhw**

Note that:
1 **Rhwng** also appears without the **-dd-** element, so **rhynga i, rhyngon
  ni**, etc.
2 **Rhag** and **rhwng** are unusual in not being followed by SM:

   Bydd rhaid eu hatal nhw rhag mynd
   They'll have to be stopped from going

   Gohiriwyd y gêm rhwng Cymru a Lloegr oherwydd glaw
   The game between Wales and England was postponed because of rain

3 **Dan°** 'under' has a common variant **o dan°**.

4   **Drwy°** 'through' has a less common (in speech) variant **trwy°**; as well as meaning 'through', it is used with VNs to indicate 'by means of':

> **Mi ddaethon ni i mewn drwy dorri'r ffenest**
> We got in (here) by breaking the window

5   **Dros°** has a very literary variant **tros°**; as well as its spatial meaning 'over', 'across', **dros°** also means 'for' in the sense of 'on behalf of':

> **Nei di fynd i'r siop drosta i?**
> Will you go to the shop for me?

and 'in favour of':

> **Pwy sy dros ddanfon y cwbwl yn syth yn ôl?**
> Who is for sending the whole lot straight back?

Exercise 1

Fill in the blanks from the box:

1 Gadewch inni rannu'r arian _____ nhw
2 Dyna'r bwrdd, ac mae'r llyfrau _____ fe
3 Mi aethon nhw i gyd _____ i
4 Mae pawb yn teimlo _____ chi
5 Galla i weld yn syth _____ ti
6 Dyw e ddim ar y gwely, ond efallai fod e _____ fe
7 Alla i fynd _____ ti, 'te?
8 _____ti a fi, dw i ddim yn siwr o gwbwl

hebdda	**drostoch**
rhyngddat	**dano**
hebddat	**drwyddat**
dano	**rhyngddyn**

Exercise 2

Translate into Welsh:

1 We'll have to do the work without her
2 Could you (**ti**) go to the shop for us?
3 I can't see any difference between you
4 This was a difficult exam so let's go through it
5 Don't (**chi**) go without me!
6 We haven't finished yet
7 We got (say 'went') in through the kitchen window
8 We got in by breaking the kitchen window
9 Who is in favour of writing them a letter?
10 It'll be very difficult without them

UNIT TWENTY-FIVE
Uned dauddeg pump
Compound prepositions

We have met a number of simple prepositions (previous unit, also *Basic Welsh*, Units 21, 22); these correspond to simple one-word prepositions in English. But there is another type, in both languages, involving a simple preposition in conjunction with a noun, making a compound preposition. English examples are 'in front of', 'instead of', but there are more in Welsh – 'of' is of course not normally translated in Welsh (*Basic Welsh*, Unit 7), so compound prepositions are two-word combinations. Here are the most common:

ar bwys	beside (S.)	**o flaen**	in front of
ar draws	across	**o gwmpas**	around
ar gyfer	for	**wrth ymyl**	beside
ar ôl	after	**yn lle**	instead of

When used with nouns, these present no problems:

Des i yn lle Fiona	I came instead of Fiona
Dw i wedi gadael y car o flaen y tŷ	I've left the car in front of the house
Rhedwch ar ôl y dyn 'na!	Run after that man!

But when used with *pronouns*, the pronoun appears as a possessive adjective before the main noun element, rather as if we were to say in English 'in front of the house', but 'in your front' (= 'in front of you'). Let's look at the effect of this on **ar gyfer**:

ar nghyfer (i) for me	**ar ein cyfer (ni)** for us
ar dy gyfer (di) for you	**ar eich cyfer (chi)** for you
ar ei gyfer (e) for him	**ar eu cyfer (nhw)** for them
ar ei chyfer (hi) for her	

First of all, notice that the radical form is **cyfer** – it only appears as **ar gyfer** because of the preceding **ar°**; when a possessive adjective intercedes, however, it takes over the job of mutating or not mutating **cyfer** as appropriate. This might be a good time for you to review mutation patterns after possessive adjectives (*Basic Welsh*, Unit 15).

If we look now at **o flaen**, we see a slightly different pattern:

o mlaen (i) in front of me	**o'n blaen (ni)** in front of us
o dy flaen (di) in front of you	**o'ch blaen (chi)** in front of you
o'i flaen (e) in front of him	**o'u blaen (nhw)** in front of them
o'i blaen (hi) in front of her	

Here the radical form is **blaen** 'front', and **b-** is not susceptible to AM, so the form for 'her' retains the radical. Furthermore, in this case the first element of the compound is a vowel, and this results in contraction of the possessives (e.g. **'n** for **ein**, **'i** for **ei**). The principle, however, remains the same.

Exercise 1

Fill in the blanks from the box:

1 Rhedwch ar ei _____ hi!
2 Dw i wedi dod ag anrheg ar eich _____
   chi i gyd
3 Pwy ddaeth _____ lle Fred?
4 Der i eistedd ar _____ i
5 Mae'r ffordd o _____ blaen chi ar gau
6 Peidiwch torri ar _____ i!
7 Mae hwn ar _____ y plant
8 Roedd y lleill yn sefyll o'u cwmpas _____
9 Bydd pawb yn sefyll _____ flaen yr ysgol
10 Does neb all ddod yn eu _____ nhw

lle	**gyfer**
'ch	**nhw**
hôl	**nhraws**
o	**yn**
cyfer	**mhwys**

Exercise 2

Translate into Welsh:

1 I'll go instead of her
2 What's that in front of them?
3 After you (**chi**)!
4 I've prepared notes for them
5 I live near the station

6 Why don't you (**ti**) do something instead of complaining?
7 We came to Wales after the war
8 Go (**ti**) and sit by her
9 Leave (**ti**) the bags there in front of you
10 Leave (**ti**) the bags there in front of the television
11 Don't (**ti**) stand in front of me!
12 He was standing beside me all the time
13 Fred's ill today, so I'm coming instead of him
14 The garden is big, with trees round it
15 We might as well sit in front of the television all day
16 We spent the morning walking round the town
17 Don't (**ti**) interrupt (**torri ar draws**) her all the time!
18 There's the station, with the buses in front of it
19 Everything was already prepared for me
20 I'll go after him, OK?

UNIT TWENTY-SIX
Uned dauddeg chwech
Miscellaneous pronouns I

Apart from the personal pronouns (*Basic Welsh*, Unit 12), which are used mainly in conjunction with verbs, there are a number of other types of pronoun in common use in Welsh.

Demonstrative: 'this (one)', 'that (one)', 'these (ones)', 'those (ones)'

These vary for gender in the singular, but not in the plural:

		Masculine	*Feminine*
Singular	this (one)	**hwn**	**hon**
	that (one)	**hwnna** or **hwnnw**	**honna** or **honno**
Plural	these (ones)	**y rhain**
	those (ones)	**y rheina**

Examples:

Lle gest ti'r rheina?	Where did you get those?
Beth ydy hwn?	What is this?
Mae'r rhain yn rhy gostus	These are too expensive
Pwy ydy honna?	Who is that (woman)?

In addition there is an abstract pair **hyn** 'this' and **hynny** 'that', used for abstract or otherwise intangible concepts:

Mae hynny'n anhygoel!	That's incredible!
Beth ydy ystyr hyn oll?	What is the meaning of all this?

Indefinite

You can use the adjectives **rhyw°** 'some (or other)' and **unrhyw°** 'any' as prefixes to form the following useful sets:

rhywun	someone	**unrhywun**	anyone
rhywbeth	something	**unrhywbeth**	anything

together with related adverbs:

rhywle	somewhere	**unrhywle**	anywhere
rhywbryd	sometime	**unrhywbryd**	anytime

'Everyone' is **pawb**:

Mae pawb yn siarad Cymraeg fan hyn
Everyone speaks Welsh here

Be careful not to confuse this word with **pob**, which means 'every' – °**bob dydd** 'every day', °**bob tro** 'every time', °**bob blwyddyn** 'every year' etc.

'Everything' is **popeth**:

Mae popeth wedi'i drefnu'n barod
Everything's arranged already

'Nobody' is **neb**:

Does neb yn y swyddfa ar hyn o bryd
There's nobody in the office at the moment

And 'nothing' is usually **dim byd**:

Beth yw deg punt dyddiau 'ma? Dim byd!
What's ten pounds these days? Nothing!

But as the object of the verb, **dim** is often used on its own:

Dw i'n gwybod dim am y peth
I know nothing about it

Note that **neb** and **dim** (byd) are indefinite by meaning, and therefore with the present INT and NEG of **bod** they require **Oes ...?** and **Does dim ...** ; while **pawb** and **popeth** are definite, and so require **Ydy ...?** and **Dydy ... ddim.**

Exercise 1

Translate into Welsh:

1 How much are these?
2 Is everything OK?
3 Somebody left something for you
4 Who is that (man) over there?
5 I want six of these and one of those
6 I want six of these apples
7 This is disgraceful!
8 Is there anything else?
9 Nobody knows anything these days
10 Is everybody here?
11 Have you (ti) got everything?
12 Have you got anything?
13 Nothing has happened here
14 These are too big for me
15 Is everybody ready?
16 That depends on you (ti)
17 Does anybody want to help?
18 That is my sister
19 This is too dangerous!
20 That is too much
21 There is something wrong
22 You (chi) say that every time
23 Every individual is different
24 Everything should be OK now
25 I didn't say anything
26 Did you (ti) say something?
27 This situation is too dangerous!
28 Nobody said anything
29 Someone's got to say something
30 I'm saying nothing

UNIT TWENTY-SEVEN
Uned dauddeg saith
Miscellaneous pronouns II

Contrastive/emphatic

In *Basic Welsh* (Unit 12), we dealt with the personal pronouns. But Welsh has, in addition, a special extended set of the same pronouns:

	Singular	*Plural*
1	**innau, finnau, minnau**	**ninnau**
2	**tithau**	**chithau**
3m	**yntau, fintau; fothau** (N.)	**nhwthau**
f	**hithau**	

These are used when special emphasis is placed on a pronoun, or when two pronouns are contrasted or balanced in some way. Often they correspond to English '(pronoun) too!'

Nadolig Llawen!   – **A chithau!**
Merry Christmas!   – And you!

Tybed a oes bai yn ein dull ninnau o fyw hefyd?
I wonder if there are faults also in *our* way of life?

Reflexive: '-self'

These pronouns ('myself', 'yourself', etc.) consist of the possessive adjective (*Basic Welsh*, Unit 15) + **hunan** (S.), or **hun** (N.). The Southern (S.) form **hunan** has a plural form **hunain**, while the Northern (N.) form **hun** is invariable.

	South	North
Singular		
1	**'n hunan**	**'n hun**
2	**dy hunan**	**dy hun**
3	**ei hunan**	**ei hun**
Plural		
1	**ein hunain**	**ein hun**
2	**eich hunan** (*polite sg.*)	**eich hun**
or	**eich hunain**	
3	**eu hunain**	**eu hun**

In the colloquial language you can prefix these with **ar ben ...** to give 'on my own', 'on your own', etc:

Ddest ti ar ben dy hun, 'te?
Did you come on your own, then?

Maen nhw'n eistedd draw fan'na ar ben eu hunain
They're sitting over there on their own

And [possessive] + noun + [possessive] + **hun(an)** gives us 'my own ...', 'your own ...', etc: **ei gar ei hun** 'his own car'.

Reciprocal: 'each other'

Where English has one form regardless of person, Welsh distinguishes between:

each other (them)	**ei gilydd**
each other (you)	**eich gilydd**
each other (us)	**ein gilydd**

Siaradwch â'ch gilydd!	Talk to each other!
Mae'r ddau'n casáu ei gilydd	The two of them hate each other
Beth am inni helpu'n gilydd?	What about (us) helping each other?

And these forms are also used (and with the same distinction of person) for 'together', which Welsh phrases as 'with each other':

	South	North
together (them)	**gyda'i gilydd**	**efo'i gilydd**
together (you)	**gyda'ch gilydd**	**efo'ch gilydd**
together (us)	**gyda'n gilydd**	**efo'n gilydd**

Dan ni eisiau eistedd efo'n gilydd   We want to sit together
Maen nhw'n byw gyda'i gilydd   They live together
Ewch efo'ch gilydd!   Go together!

Exercise 1

Translate into Welsh:

1 I wonder if *your* (**chi**) method is better?
2 I'll go myself (N.)
3 They think they love each other
4 I'd rather stay here on my own
5 Why are you looking at each other like that?
6 Don't (**chi**) forget to bring your own books
7 This is all my own work
8 Would you like to sit together? (S.)
9 What about *their* needs?
10 Sometimes I feel like killing myself
11 This is my own money
12 Don't forget to phone each other
13 This is *her* car!
14 We'll have to help ourselves (S.)
15 We'll have to help each other
16 I'll do this on my own, thank you
17 Do you know each other?
18 I'll put all this on my own bill
19 Look (**ti**) at yourself!
20 Let's go together (N.)
21 We ought to keep in touch with each other
22 May I introduce myself?
23 Let's talk to each other
24 I wonder if *she* has to come in?
25 We want to be together! (N.)
26 Are you (**chi**) going to take your own food?
27 Why don't you go together? (S.)
28 They must talk to each other
29 I should have done this myself
30 That's *their* car!

UNIT TWENTY-EIGHT
Uned dauddeg wyth
Gwybod 'know'; sa i, so ti, etc. (NEG)

The verb **gwybod** 'know' (a fact – knowing a person is a different verb in Welsh: **nabod**) is unusual in the present and imperfect tenses. As we know, these tenses are done in the living language with the verb **bod** (the auxiliary) + **yn** + VN, and this is as true for **gwybod** as for any other verb, although, being a state rather than an action, **gwybod** can show differences in translation in English:

Dw i'n gwybod	**Dw i'n mynd**
I know	I go, am going
Ydych chi'n gwybod?	**Ydych chi'n mynd?**
Do you know?	Do you go?/Are you going?
O'n i ddim yn gwybod	**O'n i ddim yn mynd**
I didn't know	I wasn't going
O't ti'n gwybod?	**O't ti'n mynd?**
Did you know?	Were you going?

But for this verb **gwybod** only, there are alternative *inflected* forms for PRES and IMPF:

PRES	*Singular*	*Plural*
1	**gwn i** I know	**gwyddon ni** we know
2	**gwyddost ti** you know	**gwyddoch chi** you know
3	**gŵyr e/hi** he/she knows	**gwyddon nhw** they know

IMPF	*Singular*	*Plural*
1	**gwyddwn i** I knew	**gwydden ni** we knew
2	**gwyddet ti** you knew	**gwyddech chi** you knew
3	**gwyddai fe/hi** he/she knew	**gwydden nhw** they knew

These are, by and large, interchangeable with the [bod] + yn + gwybod
forms, so the examples above could also be done as follows:

Gwn i	I know	**Wyddwn i ddim**	I didn't know
Wyddoch chi?	Do you know?	**Wyddet ti?**	Did you know?

In the North, the present INT forms **wyddost ti** and **wyddoch chi**, or their
shortened variants **'sti**, **'ddchi**, are commonly used for parenthetic 'you
know':

Dw i heb weld nhw ers 'Dolig, 'sti
I haven't seen them since Christmas, y'know

In the South, incidentally, **timod** and **chimod** (contractions of the auxil-
iary constructions **ti'n gwybod**, **chi'n gwybod**) are used instead:

'Sdim dal arnyn nhw, timod
There's no depending on them, y'know

The inflected forms of **gwybod**, especially the present, though not as
common overall as the auxiliary versions, are favoured in some circum-
stances and phrases:

hyd y gwn i	as far as I know	**pwy a ŵyr?**	who knows?
am wn i	for all I know	**Duw a ŵyr!**	God knows!

and occur among various expressions for 'I don't know':

dwn i ddim (N.)	**dw i ddim yn gwybod**
dwn 'im (N.)	**sa i'n gwybod** (S.)
wn i ddim	**smo fi'n gwybod** (S.)

These last two examples are instances of a widely used Southern variant
for the NEG present of **bod**. While not accepted in the standard language
(yet), these two systems enjoy wide currency over large areas of South
Wales, and should be imitated for this reason.

sa i	**smo fi**	I am not	(= **dw i ddim**)
so ti	**smo ti**	you are not	(= [**dwyt**] **ti ddim**)
so fe	**smo fe**	he is not	(= **dyw e ddim**)
so hi	**smo hi**	she is not	(= **dyw hi ddim**)
so ni	**smo ni**	we are not	(= **dyn ni ddim**)
so chi	**smo chi**	you are not	(= **dych chi ddim**)
so nhw	**smo nhw**	they are not	(= **dydyn nhw ddim**)

Exercise 1

Convert the auxiliary **gwybod** forms into inflected forms:

Example: Dych chi'n gwybod beth ddigwyddodd?
Wyddoch chi beth ddigwyddodd?

1 Beth mae Jenkins yn wybod am dlodi?
2 O'n i ddim yn gwybod am hynny
3 O'ch chi'n gwybod fod Meleri'n sâl?
4 Dw i'n gwybod fod rhywbeth yn bod
5 Roedd y rheolwyr yn gwybod yn barod
6 O'n i'n gwybod fod dy rieni'n grac
7 Dych chi'n gwybod lle mae'r lleill wedi mynd?
8 Dyn ni ddim yn gwybod beth i wneud
9 Doedden nhw ddim yn gwybod y ffeithiau
10 O't ti'n gwybod hynny?

Exercise 2

Translate into Welsh, using inflected forms:

1 What do they know?
2 Do you (**ti**) know what? Bert's got married!
3 What did she know?
4 I knew you (**ti**) were right
5 Who knows what they'll do next?
6 They didn't know anything about this
7 Do you (**chi**) know what's happened here?
8 You (**ti**) didn't know, then?

Exercise 3

Change **sa i** (etc.) forms to **dw i ddim** (etc.) forms, and vice versa:

Example: **Dydy e ddim yn iawn**
He's not right
So fe'n iawn

1 Dydyn nhw ddim yn siarad yn rhugl
2 So Martin wedi cyrraedd 'to
3 So fe'n cytuno, yn anffodus
4 Dyw'r plant ddim yn leicio bresych
5 Dw i ddim yn deall
6 Sa i wedi clywed hynny
7 Dyw hi ddim yn rhy hwyr
8 So ni'n bwriadu dod
9 Dwyt ti ddim wedi cael y neges, 'te?
10 So chi'n iawn fan'na, sa i'n credu

UNIT TWENTY-NINE
Uned dauddeg naw
Summary of SM

The Soft Mutation is by far the most commonly occurring and widespread instance of initial consonant mutation in Modern Welsh. The circumstances for its occurrence fall into two categories: *contact* mutation and *grammatical* mutation.

Contact mutation simply means that the mutation is 'triggered' by a preceding word: for example, **coffi** but **te neu goffi** 'tea or coffee', because **neu°** 'or' is on the list of words in Welsh that 'trigger' SM. The best approach is to learn the list – although it includes many common words, all in all they are not really that numerous:

pan°	when	**neu°**	or	**rhy°**	too
mor°	so	**pa°**	which ... ?	**go°**	fairly
dau°	two (m.)	**fe°**	AFF particle	**dy°**	your
dwy°	two (f.)	**mi°**	AFF particle	**ei°**	his
dyma°	here is ...	**un°**	one (f.)	**yn°**	complement
dyna°	there is ...	**pur°**	very		marker
dacw°	there is (yonder)			**y°**	the (f.)

(**mor°** and **yn°** do not affect words beginning **ll-** and **rh-**)

Prepositions
am° **ar°** **at°** **dan°** **dros°** **drwy°** **gan°**
heb° **hyd°** **i°** **o°** **tan°** **wrth°**

Adjectives preceding nouns (e.g. **hen °ddyn** 'old man')

Nos° with days of the week (e.g. **Nos °Fawrth** 'Tuesday night')

Prefixes
af°- di°- cyd°- gwrth°- hunan°- rhag°- ym°-

Second noun of two joined together (e.g. **llysfam**, from **llys + mam**)

Grammatical mutation is used in three main circumstances:

1   After the grammatical or notional *subject* of the sentence – this is by
    far the most common cause of grammatical mutation, occurring mainly
    with inflected verbs (where there is no auxiliary and therefore no link-
    word following the subject), and with non-verbal constructions of the
    type **i** + subject + VN.

Golles i° bum punt	I lost five pounds
Rhaid i Bert° fynd adre	Bert must go home
cyn iddyn nhw° adael	before they leave

2   Adverbs of time, expressing *when* or for *how long* something happened,
    appear with fixed SM. Examples:

°ddwy flynedd yn ôl	two years ago
°weithiau	sometimes
°fis Tachwedd	in November
°bythefnos cyn hynny	a fortnight before that

Apparent exceptions, such as **llynedd** 'last year' and **mis nesa** 'next month',
contain a hidden **y** which blocks the mutation (i.e. underlying forms
y llynedd, y mis nesa)

3   Inflected verbs of all kinds, whether AFF, INT or NEG, tend to attract
    SM in the spoken language, regardless of the more rigid and artificial
    system laid down for the literary language (see Unit 36).

Fydda i, Fydda i?, Fydda i ddim	I will be, Will I be?, I won't be
Golles i, Golles i?, Golles i ddim	I lost, Did I lose?, I didn't lose

Notice that some types of words, on the other hand, *resist* SM:

1   miscellaneous words: **pan, mae, mai, taw, mor, tua, byth**; and expres-
    sions with a 'hidden' **y**: (**y**) **tu allan**;
2   words that already have a fixed mutation, e.g. **beth?** (from **peth** 'thing'),
    dros (older form **tros**);
3   personal names;
4   non-Welsh place-names generally, although there are exceptions; but
    where there is a Welsh version of a name, then SM can be applied as
    normal: **Bryste** 'Bristol', **i Fryste**;
5   English loanwords, especially those beginning **g-**: **garej, gêm**.

Exercise 1

Identify all instances of SM in the following piece by prefixing each SM-mutated word with the special sign °:

Dyma beth ddigwyddodd ar ein gwyliau eleni. Fe aethon ni i Loegr ddiwedd mis Gorffennaf am bythefnos. O'n ni am dreulio'r amser yn y cefn gwlad, gan bod ni'n byw yn y ddinas fawr, ac felly fe benderfynon ni wersylla ger Henffordd. I ddechrau, roedd y tywydd yn dda – ond erbyn diwedd yr wythnos gynta roedd pethau'n gwaethygu. Mi gaethon ni wyntoedd cryfion ddydd Gwener, ac wedyn glaw trwm dros y Sul. Roedd rhaid inni fwcio stafell mewn gwesty ar gyfer yr ail wythnos achos fod y cae mor wlyb. Fe dreulion ni weddill yr wythnos yn crwydro strydoedd Henffordd ac yn gwario gormod o arian yn y siopau. Roedd y bwyd yn gostus, ond y bobol yn gyfeillgar ymhobman. Mae'n bosib y byddwn ni'n aros yng Nghymru y flwyddyn nesa, neu mi allen ni fynd ar daith o gwmpas Iwerddon. Fyddwn ni ddim yn gwneud unrhyw benderfyniad tan fis Ionawr o leia.

Exercise 2

Put the SM into the following sentences as and where appropriate. One sentence requires no SM.

1   Ca i gweld dy cyfrifiadur newydd?
2   Byddwch chi yn y tafarn heno neu peidio?
3   Fe daeth y dwy merch i mewn gyda'i gilydd
4   Oes digon o bwyd i pawb?
5   Mi dylai Sioned mynd i'r tre yn dy lle di
6   Dw i dim yn meddwl bod e'n dod
7   Rhaid inni brysio rhag ofn i'r bws dod yn cynnar
8   Pa llyfr leiciet ti prynu?
9   Gallech chi dangos i mi lle mae'r swyddfa post?
10 Basech chi'n bodlon gofalu am y cath am pythefnos?
11 Mae'r teulu drws nesa'n swnllyd ofnadwy
12 Galla i ddim diodde eisteddfodau, ond mae rhaid i mi mynd gwei-thiau
13 Mi bydda i'n codi pob bore am pump o'r cloch
14 Daethon ni yma dwy blynedd yn ôl
15 Oes gynnoch chi digon o pres yn eich cyfri ar hyn o pryd?

UNIT THIRTY **Uned trideg**
Conjunctions I

Conjunctions are words or phrases that link two sentences together.
Examples in English:

> I won't pay *because* I didn't order it
> We're not leaving *until* we've seen the manager
> Speak up *so that* I can hear
> It's impossible *unless* you give us more time

In Welsh there is a complication, in that there are two main constructions
for joining the conjunction to what follows, and by and large you have to
know which conjunction takes which construction. In this unit we will look
at the **i** +subject + °VN construction.

Many *time conjunctions* use this. For example, **ar ôl** is 'after', but if we
want to say 'after Fred went' we must do it like this: **ar ôl i Fred fynd** –
we link the subject ('Fred') to the time-word by means of **i**, and follow
up with the (mutated!) VN. Similarly:

cyn iddyn nhw ddod	before they come/came
erbyn i'r plant gyrraedd	by the time the children arrive/ arrived
ers i ti fynd	since you went
wrth i'r lleill lenwi'u ffurflenni	as the others fill/filled in their forms
nes inni weld y rheolwr	until we see/saw the manager

Notice here that no tense is expressed (the VN does not show tense, only
meaning), so the English can vary depending on the context:

> **Ga i air 'da nhw *cyn iddyn nhw fynd***
> I'll have a word with them *before they go*

> **Ges i air 'da nhw *cyn iddyn nhw fynd***
> I had a word with them *before they went*

There will always be an indication of tense in the other half of the sentence,
and this is what determines the translation of the VN verb into English.

If the subject is the same on both sides of the conjunction, then it need not be repeated, and the **i** and SM are both dropped:

Rhaid i chi esbonio hynny cyn i mi fynd
You must explain that before I go   (subjects different)

Rhaid i chi esbonio hynny cyn mynd
You must explain that before you go   (subjects the same)

A small number of non-time conjunctions also use the **i**-construction, including:

er mwyn iddyn nhw lwyddo   in order for them to succeed
rhag ofn i mi anghofio   in case I forget

Exercise 1

Make each pair of sentences into one, using **cyn** 'before':

Example: **Ges i air 'da nhw. Aethon nhw wedyn**
          I had a word with them. Then they went

          Ges i air 'da nhw cyn iddyn nhw fynd
          I had a word with them before they went

1 Ffonies i Fred. Daeth Emma i mewn wedyn
2 Rhaid i mi weld y llythyr. Na i gyfieithu fe wedyn
3 Well inni drafod hyn. Bydd y lleill yn cyrraedd wedyn
4 Nes i achub rhai pethau. Fe werthodd hi'r tŷ wedyn
5 Bydd Ieuan yn esbonio popeth i Siân. Bydd Ieuan yn mynd wedyn
6 Fe fwytes i frechdan. Es i allan wedyn
7 Naethon nhw ddianc. Naethon ni sylwi wedyn
8 Cuddiwch yr anrhegion. Mi ddaw'r lleill

Exercise 2

Translate into Welsh:

1 Everything was over (**ar ben**) by the time we arrived
2 I saw her as I was coming out of the bank
3 I saw her as she was coming out of the bank
4 Wait (**chi**) here till someone comes
5 Write it down in case they forget
6 We haven't had rain since you (**ti**) arrived
7 I felt rather ill after Manchester scored
8 Everything's a mess since you've been gone
9 I'll feed the children after they've had a chance to play
10 Keep (**chi**) quiet until I've finished

11 Things have been difficult since Huw lost his job
12 By the time Nancy had woken up, it was already too late
13 You (**ti**) can go after I've mended this
14 You can all ask questions after we've discussed everything
15 I'll stay here until the neighbours get back
16 Try (**chi**) and be back before it gets dark
17 Could you (**chi**) ring me before you go?
18 You (**chi**) must go to bed after seeing this programme
19 You (**chi**) must go to bed after we've seen this programme
20 As Sioned went out, Meleri came in

UNIT THIRTY-ONE
Uned trideg un
Conjunctions II

Most conjunctions that don't take the **i**-construction (last unit) take instead the 'that' construction. This is identical to the subordinate clause construction in Units 11–13, so if you feel uncertain about this, now is a good time to review these units.

In this construction, then, the conjunction is joined to what follows by 'that'. For example, instead of 'because he is late', we say in Welsh 'because *that* he is late' – **achos** *fod* **e'n hwyr**.

Most 'that'-conjunctions are not time conjunctions:

achos	because	**er**	although
oherwydd	because	**tra**	while (also time)
nes	until (also with **i**)	**rhag ofn**	in case (also with **i**)
fel	so (that)	**onibai**	unless (also with **i**)

Note that **cyn** 'before' requires **i** in the standard language, but is often heard with 'that' in the dialects:

cyn iddi hi fynd *or* **cyn bod hi'n mynd**   before she goes

With conjunctions the options for 'that' are limited to **fod/bod** (etc.) or (**y**) for AFF continuation, and **fod/bod** (etc.) ... **ddim** or **na°** for NEG continuation. For example, 'because he isn't ill' will be **achos fod e ddim yn sâl**, while 'because he won't be ill' will be **achos na fydd e'n sâl**; similarly, 'so that we can ...' is **fel bod ni'n gallu ...** (or **fel y gallwn ni**), while 'so that we ought to ...' is **fel y dylen ni**.

A very small number of conjunctions take neither **i** nor 'that'. The all-important time conjunction **pan°** 'when' is followed directly by the verb:

pan o'n i'n blentyn   when I was a child
pan ddaeth y lleill adre   when the others came home

as is **felly** 'so', and the two 'if's **os** and **pe** (Units 17, 18).

There is also a small group of co-ordinating conjunctions that link sentences in the same way as English:

a	and (**ac** before vowels, also before **mae, felly, fel, wedyn** and a few other miscellaneous words)
ond	but
neu°	or
na	nor

The conjunctions **a** and **na** are followed by AM in the formal language, a usage which in normal unaffected speech, if found at all, is confined to instances where the following word begins with **c-**.

Exercise 1

Make each pair of sentences into one using **achos**:

Example: **Dyw John ddim yn dod.   Mae John yn sâl heddiw**
    John isn't coming.   John is ill today

Dyw John ddim yn dod achos fod e'n sâl heddiw
John isn't coming because he is ill today

1   Allwn ni ddim cael cinio fan hyn. Does dim bwyd yn yr oergell
2   Rhaid i ti beidio helpu fe. Mi ddylai fe wneud y gwaith ei hun
3   Bydd hi'n anodd fan hyn. Mae'r stafell yn rhy fach
4   Bydd hi'n anodd fan hyn. Dyw'r stafell ddim yn ddigon mawr
5   Maen nhw'n edrych yn hapus. Maen nhw wedi pasio'r arholiad
6   Dw i ddim eisiau gwneud hynny. Fydd dim amser i orffen
7   Elli di ddim gwylio'r teledu. Dyw'r trydan ddim yn gweithio
8   Roedd rhaid i mi ymddiheuro. O'n i'n hwyr

Exercise 2

Translate into Welsh:

1   I won't come unless you (**chi**) drive
2   The lights were already on when I opened the door
3   Remember (**chi**) our phone-number in case you get (use **mynd**) lost
4   I'll help you (**chi**), even though I shouldn't
5   She sat right (use **yn syth**) in front of me so that I couldn't see
6   We changed the curtains so that the room would look bigger
7   I'm not interested, so I'm staying here

 8 Come (**ti**) closer so that I can see you
 9 I wasn't in the room when Suzie said that
10 Sign (**chi**) these papers while you're here
11 Although it's difficult, I'll do it because I have to
12 Unless they agree, we can't go ahead
13 I won't do that because it wouldn't be fair
14 Everyone stood up when the leader came in
15 We got soaked because the bus was late
16 Could you (**ti**) draw a map so I won't get lost?
17 I'll come with you (**ti**), although I'd rather not
18 He may get the job after all, though he doesn't know yet
19 In case you (**chi**) have misunderstood, let me repeat what I said
20 Which do you (**ti**) want, tea or coffee?

UNIT THIRTY-TWO
Uned trideg dau
Focus I: principles

Welsh, like all the modern Celtic languages, is a verb–subject–object language – that is, in a normal sentence the verb comes in first main position, with its subject following. But there *are* circumstances where a sentence's first main element can be something other than a verb. Here we are dealing with *focused* sentences, where special attention or focus is put on some particular element or item of information; When we wish to highlight something in this way in Welsh, we put it at the beginning of the sentence, because this makes the item very noticeable, since it is in the one position in the sentence where we would not expect anything but a verb. In this way, Welsh achieves by word order what English, for the most part, achieves by intonation. Look at these two pairs:

Daeth Ron ddoe	Ron came yesterday
Ron ddaeth ddoe	*Ron* came yesterday (not Bert)

The first is a neutral sentence conveying all-new information. It answers a very broad question like 'What happened?' The second is a focused sentence, focusing on Ron as the new information; it answers the question 'Who came yesterday?'; we know that someone did (that much is evident from the phrasing of the question), so the only new information in the answer is Ron. That new information is highlighted by placing it first. Notice also, by the way, that since Ron is still the grammatical subject, the verb **daeth** takes SM because it immediately follows.

Any element, or phrase, can be put into this special position. Let's expand our neutral sentence to read

1	2	3	4	5
Daeth	**Ron**	**ddoe**	**ar y trên**	**gyda Sioned**
came	Ron	yesterday	on the train	with Sioned

There are five main elements or ideas to this sentence – now see how the translations change as different items are focused by placing them in slot 1:

Ron ddaeth ddoe ar y trên gyda Sioned
Ron came yesterday by train with Sioned   (i.e. not Bert)

Ddoe daeth Ron ar y trên gyda Sioned
Ron came *yesterday* by train with Sioned   (i.e. not today)

Ar y trên daeth Ron ddoe gyda Sioned
Ron came yesterday *by train* with Sioned   (i.e. not by bus)

Gyda Sioned daeth Ron ddoe ar y trên
Ron came yesterday by train *with Sioned*   (i.e. not with Medi)

Alternatively in English we can convey this focus by means of a dummy 'it' + relative:

It was Ron that came yesterday ...
It was yesterday that Ron ...
It was by bus that Ron ...
It was with Sioned that Ron ...

Notice that a VN can be focused in the same way:

(neutral)   **Mae'r sefyllfa yn Ne Ewrop yn gwaethygu**
               The situation in southern Europe is worsening

(focused)   **Gwaethygu mae'r sefyllfa yn Ne Ewrop**
               The situation in southern Europe is *worsening*
               (i.e. not getting better, but in fact quite the
               opposite)

Remember that, grammatically, the verb in the sentence is **mae**, with **gwaethygu** a noun, albeit one with verbal meaning.

Notice too that the affirmative markers **fe°** and **mi°** must be dropped if their verb is moved out of initial position:

(neutral)   **Fe siaradodd Dafydd â hi**
(focused)   **Dafydd siaradodd â hi**

Finally, look at these sentences:

(neutral)   **Wedes i wrtho fe**   I told him
(focused)   **Fi wedodd wrtho fe**   *I* told him (it was *me*, not you)

In the focused sentence, the verb is third person singular, even though the subject here is first person. In Modern Welsh the verb is always in its third person singular form when its subject precedes.

Exercise 1

Turn these neutral sentences into focused ones, focusing on the italicized word or phrase. Give the English translation for each one, using dummy 'it' + relative:

Example: Bydd Elwyn gartre *heno*
           Heno bydd Elwyn gartre
           It's tonight that Elwyn will be at home

1   Maen nhw'n mynd *i'r Almaen*
2   Fe dorrodd *Iwan* y ffenest
3   Fe ddaeth Sioned a Suzie *neithiwr*
4   Mi brynodd Dafydd y tocynnau *yn y siop lyfrau*
5   Mi fydd *Geraint* yn gwybod yr ateb
6   Mae'r bwrdd 'na i fod *fan hyn*
7   O'n i'n siarad â nhw *ddoe*
8   O'n i'n *siarad â nhw* ddoe
9   Mae pobol yn siarad *Cymraeg* fan hyn
10 Mae pobol yn siarad Cymraeg *fan hyn*
11 Mi dorres *i*'r ffenest
12 Daethon *nhw* gynta
13 Fe dalon *ni*'r bil
14 Fe wedoch *chi* hynny
15 Siaradest *ti* â hi

Exercise 2

Translate into Welsh:

1   It's tomorrow we're going away
2   It's Fred that lived next door
3   It was me who told you (**ti**)!
4   It was the boys that made this mess
5   It'll be *very expensive*
6   *They* bought the tickets!
7   It was your (**chi**) car that was illegally parked!
8   It was you (**ti**) that complained
9   It was Bert that shut that door
10 It was that door that Bert shut
11 Did you (**ti**) go to the cinema *with Mererid*?
12 Did you go *to the cinema* with Mererid?
13 Was it she who told you (**chi**)?
14 It's this street they live in
15 The situation is *improving*

UNIT THIRTY-THREE
Uned trideg tri
Focus II: VNs, **bod**

We saw in the previous unit how the verb is pushed into second place in a focused sentence. This is true whatever the verb:

Ron ddaeth ddoe	It was Ron that came yesterday
Cymraeg mae pobol yn siarad fan hyn	It's Welsh that people speak here
Ti fydd yn prynu'r diodydd	It's you that will buy the drinks
Ti brynith y diodydd	It's you that will buy the drinks
Ti ddylai brynu'r diodydd	It's you that ought to buy the drinks

But suppose it is the action of the verb that we want to focus on or emphasize. Normally this presents no problem structurally, because with most tenses we are generally dealing with a structure where the verb at the front is the auxiliary, while the word denoting the action comes later on as a VN. It is an easy matter here to put the VN to the front:

(neutral)	**Maen nhw'n cerdded**	They are walking
(focused)	**Cerdded maen nhw**	They are *walking* (i.e. not going by bus)

Notice, by the way, the loss of linking **yn** when the sentence structure is altered in this way.

But we have a problem with Preterite I and the short future because, being inflected (endings) tenses, they make no use of auxiliaries or VNs, combining both elements into one inflected form which already stands at the front of the sentence. How, then, do we isolate the action and focus on it? The solution is to find an alternative way of expressing the preterite and future that *does* split the idea into auxiliary + VN. For the preterite, the obvious option is Preterite II, the **gwneud**-preterite (Unit 10):

(Preterite I)	**Cerddon nhw**	They walked
(Preterite II)	**Naethon nhw gerdded**	They walked
(focused)	**Cerdded naethon nhw**	They *walked*

Preterite II *does* use the auxiliary + VN structure, and so can be adapted to show focus in the normal way.

A similar substitution will work for the short future:

	Cerddan nhw	They will walk
	Nân nhw gerdded	They will walk
(focused)	**Cerdded nân nhw**	They will *walk*

Here, we use the short future of **gwneud** (Unit 2) as an auxiliary with the VN, and then make the transposition accordingly.

One other problem arises with focus, this time with the present tense of **bod**. Look at these sentences:

Mae Ron gartre heno	Ron is home tonight
Gartre mae Ron heno	Ron is *home* tonight
Heno mae Ron gartre	Ron is home *tonight*
Ron sy gartre heno	*Ron* is home tonight

The first two substitutions make no changes except in the word order. But the last one alters **mae** to **sy** in the process. This is because **mae** is unique for a verb-form in Welsh in being unable to follow its own subject. Normally, of course, this need not worry us, because the normal position for the subject in Welsh is after the verb. But in focused sentences it is not. When these circumstances would lead to **mae** following its subject, it is changed to **sy**.

Exercise 1

Change the following neutral sentences into focused ones, focusing on the italicized elements:

1 Maen nhw'n *cerdded*
2 Mae Sioned yn *gwrthod*
3 *Gwrthododd* Sioned
4 Gwrthododd *Sioned*
5 Mae *Sioned* yn siarad Ffrangeg
6 Mae Sioned yn siarad *Ffrangeg*
7 Fe chwaraeon *ni* bêl-droed
8 Fe chwaraeon ni *bêl-droed*
9 Dyn ni'n chwarae *pêl-droed*
10 Dyn *ni*'n chwarae pêl-droed
11 Mae'r *bechgyn* wedi cyrraedd
12 Mae'r bechgyn *wedi cyrraedd*
13 Mae Sioned *fan hyn*
14 Mae *Sioned* fan hyn
15 Mi *eith* Fred *adre*, dw i'n siwr

Exercise 2

Translate into Welsh (pay attention to the italics in the English):

1 He *left*!
2 The others *refused*!
3 It's Dafydd Jones speaking
4 They'll *postpone the meeting*!
5 They *postponed the meeting*!
6 *Fred* is right
7 It's your (**chi**) phone that's ringing
8 It's Rhodri that's got the details
9 But the situation *worsened* after that
10 Your (**chi**) books are *on the shelf*
11 It's your books that are on the shelf
12 It was Ieuan on the phone
13 It's Ieuan on the phone
14 It was Ieuan that phoned
15 Ieuan *phoned*

UNIT THIRTY-FOUR
Uned trideg pedwar
Focus III: **mai** and **taw**

We have already seen how subordinate ('that . . .') clauses are handled in Welsh (Units 11–13) where the original is a normal neutral sentence. For instance:

(original)		**Mae Ron yn dod yfory**
(subordinate)	**Dw i'n siwr**	**fod Ron yn dod yfory**
(original)		**Fe ddylech chi fynd nawr**
(subordinate)	**Dw i'n meddwl**	**y dylech chi fynd nawr**

But sometimes the sentence that you want to turn into a subordinate clause is a focused one – e.g. 'It's Ron that's coming tomorrow'. To say 'I think that it's Ron that's coming tomorrow', we use a special word for 'that', **mai** or (in many Southern areas) **taw**. You will have realized by now that the criteria set out so far for deciding how to translate 'that .. .' have all depended on what type of verb started the original in Welsh. But in a focused sentence no verb begins it, because the identifying feature of a focused sentence is precisely that it doesn't begin with a verb. Let's look at the formation of a focused subordinate clause:

(original)	**Ron sy'n dod yfory**
	It's Ron that's coming tomorrow
(subordinate) **Dw i'n meddwl**	**mai Ron sy'n dod yfory**
I think	that it's Ron that's coming tomorrow

The main problem with this is not the procedure, which is straightforward enough, but knowing when to implement it, i.e. identifying what you want to say as a focused subordinate. Usually you have to listen for the intonation and related sentence stress, e.g. 'I think *Fred* told her' – **Dw i'n meddwl mai Fred wedodd wrthi**. See the previous unit for translation correspondences. Further examples:

Wedon nhw wrthat ti mai ddydd Gwener dyn ni'n mynd?
Did they tell you that we're going on *Friday*?

Bydd eisiau esbonio mai nhw sy'n gyfrifol yn y diwedd
It'll have to be explained that *they* are responsible in the end

O'n i'n meddwl mai siarad Llydaweg oedd hi
I thought that she was *speaking Breton*

And remember that there are certain other words, including **efallai** 'perhaps' and a number of conjunctions, that require a 'that ...' clause – and this holds true even when what follows is focused:

Efallai mai Iwan dalodd y bil
Perhaps it was Iwan that paid the bill

Mae'n debyg mai yfory dôn nhw
They'll probably come *tomorrow*
('It is probable that it is tomorrow that they will come')

Roedd hi'n amlwg mai diffyg gwybodaeth oedd y broblem
A lack of information was obviously the problem
('It was obvious that it was a lack of information that was the problem')

Efallai mai chi fydd hi!
It could be *you*!
('Perhaps [that] you will be it')

Exercise 1

Translate into Welsh (italicized words and phrases are focused – use **mai** for 'that'):

1 I hope that they'll *refuse*
2 Perhaps *Elwyn* won
3 Perhaps Elwyn *won*
4 I'm sure it was *your* (**ti**) *brother* that phoned
5 Everyone knows it was you (**ti**) that told her
6 I think they're *in the kitchen*
7 We have decided that *you* are the right people
8 I heard they're leaving *tomorrow*
9 I think it's only Medi that's coming today
10 Is it true that you're (**ti**) to blame?
11 I thought *Paris* was the capital of France
12 I'm sure *Paris* is the capital of France
13 September is obviously the best time
14 Could you (**chi**) explain to him that it's not us that are responsible?
15 Perhaps *they* will bring the children?
16 He'll probably be *at home* tomorrow
17 Someone else is obviously responsible for this

18 I won't pay the fine because it was you (**ti**) that parked the car there
19 I think she prefers *Wednesday*
20 Perhaps *this* is right, then

Exercise 2

Change these focused complex sentences into neutral ones:

Example: **Efallai mai Fred sy'n dod**
            Perhaps it's Fred that's coming

            Efallai fod Fred yn dod
            Perhaps Fred's coming

1   Dw i'n siwr mai nhw sy'n gyfrifol
2   Mae'n amlwg mai nhw sy wedi cwyno
3   Glywest ti mai Bert enillodd?
4   Rhaid cyfadde mai fe sy'n iawn
5   Mae pawb yn gwybod mai ti ddylai wneud y gwaith
6   Efallai mai yn y gegin byddan nhw
7   Dw i'n grac achos mai fi fyddai'n gorfod esbonio wedyn
8   Dw i'n siwr mai ti fydd yn iawn
9   Efallai mai ni sy wedi ennill
10 Mae'n debyg mai gyda Sioned bydda i'n mynd wedi'r cwbwl

UNIT THIRTY-FIVE
Uned trideg pump
Summary of **sy**

The special verb-form **sy** has a number of uses in Welsh, and these can cause confusion. The first thing to be clear about is that it is a special form of the present tense of **bod**. Basically it means 'is'/'are' (as does **mae**), but its use is indicated only in certain well-defined circumstances.

First, it functions as a special relative form for present tense **bod**, and means 'who/which is/are ...'. If you look back in this book to relative clauses (Units 14, 15) you will remind yourself that the word for 'who'/'which' in Welsh is (**a**)°:

y dyn (a) oedd yn dysgu Cymraeg
the man who was learning Welsh

y dyn (a) ddysgodd Gymraeg
the man who learnt Welsh

y dyn (a) fydd yn dysgu Cymraeg
the man who will learn Welsh

For the present tense, given these patterns, we might expect:

*__y dyn (a) mae yn dysgu Cymraeg__
the man who is learning Welsh

but in fact we have:

y dyn sy'n dysgu Cymraeg
the man who is learning Welsh

So one of the main functions of **sy** is to stand in for *__a mae__ – __a__ and __mae__ simply don't go together in Welsh, and we use **sy** instead. Remember that this also includes the perfect, which as you know is present **bod** + **wedi** in Welsh:

y dyn sy wedi dysgu Cymraeg
the man who has learnt Welsh

The second main use of **sy** also arises from the peculiarities of **mae**. Not only can you not use verbal particles with it (so *__a mae__, above, is ruled out – as are, incidentally, *__fe mae__ and *__mi mae__), but also it is the only verb-form that cannot be preceded by its own subject. Now of course, this normally would not matter in Welsh, which, being a verb–subject–object (VSO) language, puts the verb first in a normal sentence with the subject following. But the subject *can* come before the verb when it is the high-lighted element in a focused sentence (Units 32–4). So if we take two neutral/focused pairs:

(neutral)	**Bydd Sioned yn dod heno**	Sioned will come tonight
(focused)	**Sioned fydd yn dod heno**	*Sioned* will come tonight (FUT)
(neutral)	**Mae Sioned yn dod heno**	Sioned is coming tonight
(focused)	**Sioned sy'n dod heno**	*Sioned* is coming tonight (PRES)

you can probably see that, on the pattern of the first pair, we might expect the present focused sentence to be *__Sioned mae yn dod heno__, but **Sioned** is the subject of this sentence, and so **mae** cannot follow, and must be replaced by **sy**.

The same principle is at work in the third use of **sy** – after question words. Words like **Pryd ...?** 'When ...?', **Sut ...?** 'How ...?' and **Lle/Ble ...?** 'Where ...?' are always followed by **mae** in the present third person singular:

Pryd mae'r bws yn dod?	When is the bus coming?
Sut mae'r gwaith yn mynd?	How is the work going?
Lle mae'ch teulu'n byw?	Where does your family live?

This is to be expected, because words like 'when?', 'how?' and 'where?' can't possibly be the subject of a sentence – they don't refer to a person or thing. But question words **Beth ...?** 'What ...?', **Pwy ...?** 'Who ...?', **Faint ...?** 'How many ...?', **Pa un ...?** 'Which one ...?' and **Pa rai ...?** 'Which ones ...?' *do* refer to persons or things, and if they are the subject of the question, they are followed in the present tense by **sy**:

Beth sy'n digwydd?	What is happening?
Pwy sy'n siarad?	Who is speaking?
Faint sy'n dod heno?	How many are coming tonight?
Pa un sy ar ôl?	Which one is left?
Pa rai sy'n aros?	Which ones are staying?

Again, this applies also with the perfect, which uses the present tense of **bod** in Welsh:

Beth sy wedi digwydd?	What has happened?
Faint sy wedi dod?	How many have come?

Exercise 1

Decide whether to put **sy**, **mae** or **ydy** in the blank in each question:

1 Pryd _____ 'r daith yn dechrau?
2 Beth _____ hwnna?
3 Pwy _____ yn y gegin?
4 Pa rai _____ 'n dod 'da ni?
5 Pwy _____ 'ch brawd yn holi?
6 Lle _____'ch bagiau chi?
7 Beth _____ 'n digwydd?
8 Sut _____ 'r teulu ar hyn o bryd?
9 Pwy _____ 'r ferch draw fan'na?
10 Pa rai _____ Fred yn cymryd?
11 Lle _____ 'r lleill?
12 Pwy _____ dy frawd yn helpu?
13 Faint _____ dau a pedwar?
14 Beth _____ 'r plant yn wneud?
15 Faint _____ ar ôl?
16 Pwy _____ Fred wedi ffonio?
17 Beth _____ wedi digwydd?
18 Beth _____ 'ch brawd wedi addo?
19 Faint _____ wedi ateb?
20 Pwy _____ 'r rheolwr fan hyn?

Exercise 2

Translate into Welsh:

1 I want to speak to the man who left this message
2 This is the man who has come from Scotland to see us
3 It's Fred Jones speaking
4 What's happening here?
5 What's happened here?
6 What happened here?
7 I need people who are willing to help
8 It's Mererid that speaks German
9 Give (**chi**) me the ones which are cheaper
10 These are the things that are important to me
11 Who's made this mess?
12 *You* (**ti**) are right
13 These are the people who wanted to see you
14 These are the people who want to see you
15 Whatever happens, I'm leaving tomorrow

UNIT THIRTY-SIX
Uned trideg chwech
Mutation of verb-forms in
Literary Welsh

We saw in Unit 29 that, in the normal spoken language – Colloquial Welsh
(CW), SM tends to be generalized for AFF, INT and NEG inflected verbs.
This is not the case with Literary Welsh (LW) except in the most informal
of contexts. To begin with, the 'spread' of the two main mutations SM
and AM (NM is restricted, in CW and LW alike, to two main circum-
stances only) is less heavily weighted in favour of SM in LW.

AM is consistently applied after contact words, and is applied in full.
So, for example, while the living language will apply AM optionally after
a 'and', and then only with words beginning **c-**, the literary language applies
it always, and on words beginning **c-**, **p-** and **t-**. A phrase like **bws a car**,
then, is perfectly normal in CW, as is the variant (with AM) **bws a char**;
but LW will only accept the latter; while **bws a tacsi** is right in CW, but
wrong in LW (even though everyone says it). Here LW demands (and
gets) **bws a thacsi**, applying AM in a way that simply flies in the face of
reality and sounds like affectation when used in speech.

In the spoken language, the SM can be seen to be encroaching on the
territory of the AM, particularly with inflected verbs. We have seen how
SM tends to be generalized here, but in the artificial literary language the
spread of the mutations (SM – AM – neither) is remarkably (some would
say suspiciously) neat. Compare:

	CW		LW	
AFF	**(Fe/Mi) dalodd e**	(SM)	**Talodd e**	(no mutation)
INT	**Dalodd e?**	(SM)	**Dalodd e?**	(SM)
NEG	**Dalodd e ddim**	(SM)	**Thalodd e ddim**	(AM)

With the spoken language still dogged by its artificial literary *alter ego*,
there is nothing for it but to be familiar with the more complex system
for recognition purposes only. Using it actively, however, and saying things
like **thalodd e ddim** (or, for that matter, **bws a thacsi**) will as like as not
be interpreted as affectation. In writing, the individual must use his or
her conscience, and let this decide as to whether one should write broadly
as one speaks, or not.

Exercise 1

Alter the sentences as indicated – use the stricter LW mutation rules for the verbs, and don't use **fe°** or **mi°** for AFF sentences.

 1 Ches i mo'r daflen   [AFF]
 2 Bwytodd e'r caws   [INT]
 3 Agoron ni'r drws   [NEG]
 4 Dafloch chi'r bêl?   [NEG]
 5 Prynodd e nhw   [NEG]
 6 Werthodd hi mo'r tŷ   [INT]
 7 Ysgrifennoch chi?   [AFF]
 8 Caeon nhw'r drws   [INT]
 9 Talon nhw ddigon   [NEG]
10 Yfest ti ormod?   [AFF]

Exercise 2

Translate into Welsh – use the stricter LW mutation rules for the verbs, and don't use **fe°** or **mi°** for AFF sentences:

 1 He didn't get the prize
 2 We didn't pay the bill
 3 I walked two miles today
 4 I won't be allowed to go
 5 Did you (**chi**) eat the bread?
 6 We didn't eat the apples
 7 Did you (**ti**) have enough to eat?
 8 Did you (**chi**) walk?
 9 They didn't take anything
10 I didn't break the window
11 Did you (**chi**) receive the letter?
12 These won't flower till the spring
13 Pay (**chi**) here please
14 They won't pay
15 We didn't run
16 Did you (**chi**) wash the dishes?
17 Sioned didn't buy the tickets
18 They didn't arrive in time
19 We didn't shut the window
20 Did you (**ti**) buy the paper?

Literary Welsh verbs I:
the tense system of Literary Welsh

Nowhere is the difference between spoken and the artificial literary standard more apparent than in the verb system, and any acquaintance with serious Welsh literature depends on at least a passive understanding of the essentials of that system. Let us look first at how the overall plan of the system differs in spoken and literary Welsh.

Above all, the LW system – modelled as it is on Latin – is characterized by a greater use of inflected forms at the expense of native auxiliary + VN constructions. We have seen that, in spoken Welsh, there are really only two fully developed inflected tenses – the preterite and the future – and that even these have auxiliary + VN alternatives in wide use in the modern language. Main points to note are:

1 LW has an inflected pluperfect ('had (done) . . .') which is simply absent from CW.
2 The inflected future also serves as a stative present in LW.
3 The subjunctive, fossilized in a few rare forms in CW, exists in two complete tenses in LW.

This gives us the following broad system of inflected tenses in LW, which we can illustrate with the VN **canu**:

	Singular	Plural		Singular	Plural
	PRES (_future_)			IMPF (_cond,_)	
1	**canaf**	**canwn**		**canwn**	**canem**
2	**ceni**	**cenwch**		**canit**	**canech**
3	**cân**	**canant**		**canai**	**canent**

	Singular	Plural	Singular	Plural
	PRET	*(+ extra bit)*	PLUP	*(cond + extra bit)*
1	cenais	canasom	canaswn	canasem
2	cenaist	canasoch	canasit	canasech
3	canodd	canasant	canasai	canasent
	PRES SUBJ		IMPF SUBJ	
1	canwyf	canom	canwn	canem
2	cenych	canoch	canit	canech
3	cano	canont	canai	canent

Note that the living language's three-way aspect system of verb-endings (non-past, past and unreality) is simply discarded in the literary language – perhaps because such a system is not immediately apparent in the Latin model – and that what we know as the unreality endings, for example, occur in the imperfect and pluperfect in LW, with no sense of unreality. The past endings are to be seen in the preterite, but the plural forms have an extra syllable -as- inserted, and this element also appears throughout the pluperfect, but with 'unreality' endings. Notice also that some LW endings change the form of the stem, e.g. **can-u** but **cenaist** (CW **canest ti**). And most striking of all (particularly to students of Latin), notice that the personal pronouns that are part and parcel of the verb in the living language, are omitted in LW, which generally allows the endings to convey this information:

| **rhedasant** | they ran | (CW **rhedon nhw**) |
| **canaf** | I sing | (CW **dw i'n canu**) |

Notice also that all first person plural forms end in **-m**, and all third person plural forms in **-nt**. Both these have been **-n** for many centuries now in the living language, and on no account should you ever allow yourself to feel tempted to imitate them in speech. Don't use them in writing either, for that matter.

Exercise 1

Turn these LW verb-forms into their CW and English equivalents:

Example: rhedasant
            rhedon nhw   they ran

1 cwympasai
2 gorweddai

3 cysgem
4 codant
5 deallasom
6 taflasent
7 arhosaf
8 gwelasit
9 rhedwn
10 cerddodd

Exercise 2

Express the following in LW verb-forms:

1 you (sg.) had risen
2 we rose
3 they run
4 she was sitting
5 he was spending (time)
6 you (pl.) had paid
7 they had jumped
8 we had arrived
9 you (sg.) pay
10 they lost

Exercise 3

Change these LW forms to the tense indicated, but keeping the same person:

Example: rhedasom   [PRES]
           rhedwn

1 enillais   [PRES]
2 collasai   [PRET]
3 rhedasent   [IMPF]
4 cerddant   [PRET]
5 neidiech   [PRET]
6 casglai   [PLUP]
7 credaf   [IMPF]
8 cododd   [IMPF]
9 arhosai   [PRET]
10 taflasech   [PRES]

UNIT THIRTY-EIGHT
Uned trideg wyth
Literary Welsh verbs II:
forms of **bod**

An important factor in coping with LW is recognizing the many forms of
bod, and understanding the correlation between form and meaning.

Bod has a wider range of inflected tenses than other verbs in LW. Those
of highest frequency are:

Singular	Plural	Singular	Plural	Singular	Plural
PRES		IMPF		FUT/HAB PRES	
ydwyf	ydym	oeddwn	oeddem	byddaf	byddwn
ydwyt	ydych	oeddit	oeddech	byddi	byddwch
ydyw, mae, oes	ydynt	oedd	oeddent	bydd	byddant

The PRES and IMPF forms have a special AFF marker **y** (**yr** before vowels)
that is not present in other tenses. So, for example, CW **mae** is generally
y mae in LW; CW **o'n i** 'I was' is **yr oeddwn**, and so on. The LW INT
marker **a°** is used in all tenses – **a oeddech?** 'were you?', CW **o'ch chi?**;
a ydyw? 'is he/she?', CW **ydy e/hi?**; **a fyddant?** 'will they be?', CW **fyddan
nhw?**. The NEG marker in LW for all verbs is **ni** (AM, or failing that °),
nid before vowels, in front of the verb. This is completely at odds with
all versions of the living language, where negation is always done by **ddim**
after the verb, and where NEG **ni** is simply unknown: LW **ni fyddant** 'they
won't be', CW **fyddan nhw ddim**; LW **nid ydwyf** 'I am not', CW **dw i
ddim**; LW **nid oeddwn** 'I was not', CW **o'n i ddim**.

The CW conditionals (Unit **16**) **byddwn i** and **baswn i** appear in LW as
habitual imperfect 'I used to, was wont to' and pluperfect respectively:

Singular	Plural	Singular	Plural
HAB IMPF (cond)		PLUP	
byddwn	byddem	buaswn	buasem
byddit	byddech	buasit	buasech
byddai	byddent	buasai	buasent

In addition, **bod** has a preterite in LW which is of much more restricted use in CW:

Singular	Plural
PRET	
bûm	buom
buost	buoch
bu	buont

In CW, this tense of **bod** is mostly used as an equivalent of the perfect **wedi bod**:

Lle fuoch chi?   Where have you been?   (= **Lle dych chi wedi bod?**)

and uses the normal past endings – so, for example, CW **bues i** for LW **bûm**.

You can find out more about this, and other aspects and problems of the LW verb system, in *Modern Welsh: a Comprehensive Grammar* (Routledge, 1993).

To round off, here are some of the LW subjunctive forms of **bod**:

Singular	Plural	Singular	Plural
PRES SUBJ		IMPF SUBJ	
bwyf	bôm	bawn	baem
bych	boch	bait	baech
bo	bônt	bai	baent

Exercise 1

Express the following in LW verb-forms:

1	I'll be	6	will he be?
2	she would be	7	were you (pl.)?
3	they were wont to be	8	are there?
4	they had been	9	am I?
5	they were	10	had we been?

Exercise 2

Change these LW forms of **bod** to the tense indicated, but keeping the same person:

1	byddaf	[IMPF]	11	buaswn	[?PRES]
2	buasit	[FUT]	12	byddit	[?IMPF]
3	byddent	[PLUP]	13	yr ydym	[?PLUP]
4	yr oeddech	[PRET]	14	y mae	[?FUT]
5	buom	[PRES]	15	byddwch	[?PRES]
6	yr ydych	[PRET]	16	byddent	[?PRET]
7	bydd	[PRES]	17	buasai	[?IMPF]
8	buont	[PLUP]	18	yr oeddwn	[?HAB IMPF]
9	yr ydwyf	[HAB IMPF]	19	buost	[?FUT]
10	byddem	[FUT]	20	bûm	[?PLUP]

UNIT THIRTY-NINE
Uned trideg naw
Literary Welsh verbs III:
irregulars; subjunctive forms

The four irregular verbs of CW (**mynd**, **cael**, **gwneud** and **dod**) are irregular in LW as well, but more so, because there are more inflected tenses for them to be irregular in! A full exposition is beyond the scope of this workbook, especially since a passive knowledge for reading is all that is required. Stephen J Williams's *A Welsh Grammar* (University of Wales Press, 1980) is an accessible and concise handbook that will tell you all you will ever need to know about the LW verb system and its multiplicity of neatly arranged forms. In this unit, we will confine ourselves to the present, imperfect, preterite and pluperfect of **mynd**, **gwneud** and **dod**, which are at least relatively common in formal writing.

mynd		**gwneud**		**dod**	
Singular	*Plural*	*Singular*	*Plural*	*Singular*	*Plural*
PRES		PRES		PRES	
af	awn	gwnaf	gwnawn	deuaf	deuwn
ei	ewch	gwnei	gwnewch	deui	deuwch
â	ânt	gwnâ	gwnânt	daw	deuant
IMPF		IMPF		IMPF	
awn	aem	gwnawn	gwnaem	deuwn	deuem
ait	aech	gwnait	gwnaech	deuit	deuech
âi	aent	gwnâi	gwnaent	deuai	deuent
PRET		PRET		PRET	
euthum	aethom	gwneuthum	gwnaethom	deuthum	daethom
aethost	aethoch	gwnaethost	gwnaethoch	daethost	daethoch
aeth	aethant	gwnaeth	gwnaethant	daeth	daethant
PLUP		PLUP		PLUP	
aethwn	aethem	gwnaethwn	gwnaethem	daethwn	daethem
aethit	aethech	gwnaethit	gwnaethech	daethit	daethech
aethai	aethent	gwnaethai	gwnaethent	daethai	daethent

You will notice that, as in CW, **mynd** and **gwneud** go the same way. Let us look at some LW–CW correspondences:

euthum	**es i**	I went
aethit	**o't ti wedi mynd**	you had gone
gwnâi	**oedd e'n gwneud**	he was doing/used to do
deuai	**oedd e'n dod**	he was coming/used to come
daethech	**o'ch chi wedi dod**	you had come

and in the NEG:

nid euthum	**es i ddim**	I didn't go
nid aethit	**o't ti ddim wedi mynd**	you hadn't gone
ni wnâi	**doedd e ddim yn gwneud**	he wasn't doing
ni ddeuai	**doedd e ddim yn dod**	he wasn't coming/didn't used to come
ni ddaethech	**o'ch chi ddim wedi dod**	you hadn't come

The LW verb system also includes present and imperfect subjunctive tenses, as we have already seen. They are so rare even in writing that they can simply be dealt with passively as encountered. Usually you will see a recognizable stem with an odd-looking ending, and the vowel **-o-** is particularly associated with the subjunctive (see the subjunctive forms of **bod** in the previous unit). Stems **el-**, **gwnel-** and **del-** are from **mynd**, **gwneud** and **dod** respectively. In the living language the subjunctive exists only in fossilized phrases that can simply be learnt:

doed a ddelo	come what may
cyn gynted ag y bo modd	as soon as (may be) possible

Exercise 1

Convert these LW forms into their CW equivalents:

Example: euthum (1st sg. PRET)
            es i

1 aethai	9 a ddaethant?
2 daethost	10 a aethit?
3 af	11 ni ddônt
4 deuai	12 ni wneuthum
5 daethent	13 a ddaethai?
6 gwnâ	14 a wnaethost?
7 aem	15 nid âi
8 deuaf	

Exercise 2

Express these in LW:

1 did you (sg.) go?
2 we didn't come
3 she used to go
4 had they gone?
5 did they do?

6 he didn't use to come
7 had you (sg.) gone?
8 I do
9 I hadn't done
10 they don't do

UNIT FORTY
Uned pedwardeg
Literary Welsh verbs IV:
autonomous/impersonal forms

We have already seen (Unit 23) the autonomous endings **-ir** and **-wyd** which are used for the passive in formal Welsh and widely in the media, but not in speech. Literary Welsh has a number of other autonomous endings at its disposal, in a range of tenses, including:

PRES SUBJ	**-er**
IMPF	**-id**
PLUP	**-esid**, **-asid**

The force of the ending **-er** is 'let one ... (do something)', and while it has no place in the living spoken language, it is quite common in writing at most levels as a polite invitation to do something – a toned-down version of the rather brusque imperative. So, for example, instead of **gwthiwch!** 'push!' on a door, you may see **gwthier**. Other examples:

Gweler isod	See below
Nac ysgrifenner o dan y llinell	Do not write below the line

In this last example you can see the literary **na** (**nac** before vowels) used instead of CW **paid/peidiwch** to make negative commands.

The **-asid/-esid** ending you will encounter only occasionally and in very formal texts. The **-id** ending likewise has a very literary flavour, although two very useful forms, **gellid** 'one could', 'it would be possible' and **dylid** 'one ought to', 'one should', are common enough in everyday written Welsh:

Gellid trefnu hynny ymlaen llaw
That could be arranged in advance

Dylid cadw'r manylion hyn er gwybodaeth
These details should be kept for information

A ddylid dweud wrthynt?
Should they be told?

Ni ddylid ysgrifennu o dan y llinell hon
One should not write under this line

Generally the passive is the most natural translation in English.

From the last examples you will be reminded that the INT marker in LW is **a°**, and the NEG marker is **ni**, followed by AM where possible, but otherwise by °:

Ni chafwyd ymateb
No response was had

Ni chaniateir cŵn
Dogs not allowed

Yn anffodus, ni ellir dychwelyd lluniau
Pictures unfortunately cannot be returned

Remember that this NEG **ni** is *never* used in the living language, which always uses **ddim** after the subject instead:

LW	**Ni ddaethant**	
CW	**Ddaethon nhw ddim**	They didn't come

Exercise 1

Translate into Welsh, using autonomous forms:

1 Refreshments will be provided
2 Fees are paid monthly
3 Food should be kept in the fridge
4 A good response was had
5 A meeting can be arranged through your bank
6 Could that have been done in a different way?
7 This problem should have been solved by now
8 Books cannot be taken (use **mynd â**) from the library
9 Should these words be translated?
10 All this could have been discussed at the last meeting
11 Has such a thing ever been seen?
12 Should the details have been confirmed?
13 This door should not be left open
14 Can it be claimed that this is fair?
15 Should it be expected that this will happen?
16 It cannot be shown that anything is wrong
17 One cannot park here
18 It shouldn't be forgotten that money is scarce
19 Your salary has not been paid
20 The manager can be contacted by phoning this number

KEY TO EXERCISES

Unit 1

Exercise 1   1 Agori di'r siop yfory? 2 Fe wela i ti wythnos nesa 3 Helpwn ni chi 4 Arhosith y lleill fan hyn 5 Gyrhaeddwch chi mewn pryd? 6 Gymerith Fred goffi? 7 Fe drafodith Sioned a Medi'r broblem 8 Gymeri di ragor? 9 Fe fwydith Suzie'r anifeiliaid wedyn 10 Arwyddan nhw mo'r ddogfen

Exercise 2   1 Mi helpa i chi 2 Mi welwn ni chi yfory 3 Pryd blodeuith y planhigion 'ma? 4 Mi arhosith Bert fan hyn 5 Mi ffonian nhw yfory 6 Welwn ni mohonyn nhw 'to 7 Mi wedith Sioned wrtho (fe) pnawn 'ma 8 Ysgrifennan nhw aton ni? 9 Brynith e ddigon? 10 Yfan nhw ddim 11 Mi gasgla i bopeth 12 Mi siaradwch chi gynta 13 Pwy agorith y drws? 14 Mi godwn ni dŷ newydd fan hyn 15 Mi redith y dŵr allan fan hyn 16 Drefnan nhw bopeth? 17 Mi gadwa i'r rhain i ti 18 Wedan nhw wrthon ni? 19 Mi roddith Sioned anrheg iddo (fe) 20 Mi alwa i heibio wedyn/nes ymlaen

Unit 2

Exercise 1   1 Mi a i yfory 2 Mi geith Sioned wobr 3 Ddoi di wedi'r cwbwl? 4 Mi fydda i'n dod am bump 5 Fyddwch chi ddim yn mynd hebdda i 6 Fe gân nhw fynd heno 7 Fe ddaw'r lleill ar y trên 8 Eith popeth yn iawn? 9 Fyddan nhw ddim yn dod yn ôl 10 Lle byddan nhw'n mynd wedyn?

Exercise 2   1 Na i mo'r gwaith 2 Mi geith Mererid a Ieuan eu hanrhegion wedyn 3 Mi ddaw'r trên am bedwar 4 Pryd nei di'r gwaith? 5 Mi eith Fred a Bert efo (/gyda) ni 6 Mi a i'r llyfrgell pnawn 'ma 7 Mi gawn ni aros, dw i'n meddwl 8 Ddaw Fred ddim heddiw 9 Pryd awn ni? 10 Beth nân nhw nawr?

Exercise 3   1 Gei di dy arian yn ôl? 2 Pryd aeth hi? 3 Mi aeth popeth yn iawn yn y diwedd 4 Mi ddôn nhw'n ôl amser cinio 5 Pwy ddaw efo chi? 6 Lle gewch chi'r wybodaeth? 7 Fe a i â'r plant i'r ysgol heddiw

8 Pwy geith y wobr gynta, 'te? 9 Ddoi di gyda rhywun? 10 Ddaethon nhw ddim tan fis Ebrill

Unit 3

Exercise 1   1 Gall y chwiorydd aros gyda ni 2 All Ron helpu? 3 Alla i eistedd fan hyn? 4 Pwy all ateb y cwestiwn? 5 Galla i weld dy safbwynt 6 All y bechgyn ddim clywed yn iawn 7 Gallan nhw wneud eu gwaith yfory 8 Elli di nghlywed i? 9 Alla i ddim gweld y sgrîn 10 Allan nhw ddeall?
Exercise 2   1 Ellwch chi fynd i'r siop yfory? 2 Alla i ddim darllen y papurau 'ma heno 3 All Sioned ddim dod i'r parti 4 Pwy all ddweud? 5 Allan nhw gadw'r siop ar agor? 6 Allwn ni gadarnhau hyn wedyn? 7 Gall Fred a Bert ddefnyddio'r stafell gefn 8 All hi ddim gyrru'r car 9 Ellwch chi gyfieithu'r ddogfen 'ma i mi? 10 Ellwch chi ddim parcio fan hyn
Exercise 3   1 Dych chi'n gallu gweld popeth? 2 Dw i'n gallu gorffen y gwaith pnawn 'ma 3 (Dwyt) ti ddim yn gallu aros fan hyn 4 Dyw Sioned ddim yn gallu gwisgo'r het 'na! 5 Ydyn ni'n gallu helpu o gwbwl? 6 Dych chi'n gallu marcio'r papurau yfory 7 Maen nhw'n gallu cadw eu pethau fan hyn 8 Wyt ti'n gallu gyrru lori? 9 Dw i ddim yn gallu dod tan yfory 10 Mae Rhodri'n gallu gadael neges ar y peiriant ateb

Unit 4

Exercise 1   1 erioed â 2 byth 'n 3 nhw erioed 4 weles erioed 5 Sioned byth 6 ydyn erioed 7 byth yn 8 dyw byth
Exercise 2   1 (Wyt) ti byth yn mynd i'r dafarn? 2 Dw i byth yn gwisgo sanau yn y gwely 3 Dw i erioed wedi gwisgo sanau yn y gwely 4 Dyw'r teledu 'ma byth yn gweithio 5 Dych chi erioed wedi gweld golygfa mor brydferth? 6 Fuon ni erioed yn yr Iseldiroedd 7 Dyw Huw erioed wedi gweithio 8 Weli di byth mohonon ni 'to 9 Fydd Nancy byth yn gwybod 10 Ddown ni byth yn ôl
Exercise 3   1 byth 2 byth 3 erioed 4 byth 5 erioed 6 byth 7 erioed 8 erioed 9 erioed 10 byth

Unit 5

Exercise 1   1 Mae plwm yn drymach na haearn 2 Mae Laurel a Hardy'n ddoniolach/fwy doniol na Charlie Chaplin 3 Mae'r Mississippi'n hirach na'r Folga 4 Mae *Neighbours* yn fwy poblogaidd nag *Eastenders* 5 Mae Cliff Richard yn enwoca/fwy enwog na Keith Chegwin 6 Mae gwesty'r Savoy yn fwy costus na gwely a brecwast Mrs Williams 7 Mae tywydd Iwerddon yn wlypach na tywydd Lloegr 8 Mae brechdan caws yn rhatach na brechdan cig moch 9 Mae'r M4 yn ehangach na Stryd y Farchnad, Aberystwyth 10 Mae car Dewi'n fwy swnllyd na car Dominic a Fiona

Exercise 2 1 Mae hwn yn drymach na hwnna 2 Mae'r llyfr 'ma'n fwy defnyddiol, dw i'n meddwl 3 Mae hi'n oerach heddiw na ddoe 4 Mae'r bobol 'ma'n dlotach na ni 5 Roedd bywyd yn galetach yn y tridegau 6 Cymerwch y parsel 'ma – mae'n ysgafnach 7 Dw i'n teimlo'n hapusach/fwy hapus nawr 8 Rhaid i ti fod yn fwy gofalus 9 Well inni godi'n gynharach yfory 10 Gwell hwyr na hwyrach 11 Mae'r sefyllfa'n fwy difrifol nag o'n ni'n feddwl 12 Mae Caerdydd yn agosach na Llundain 13 Mae'r banciau'n fwy pwerus dyddiau 'ma 14 Mae Arnold yn gyfoethocach/fwy cyfoethog na Bruce 15 Mae prisiau'n fwy rhesymol fan hyn 16 Mae plant yn fwy annibynnol dyddiau 'ma 17 Mae'n dawelach fan hyn 18 Mae ei gar newydd yn gyflymach/fwy cyflym 19 Gyrrwch yn arafach, os gwelwch yn dda 20 Mae'r ffilm 'ma'n fwy diddorol na'r un arall

Unit 6

Exercise 1 1 Mae Aberystwyth yn fwy gogleddol nag Abertawe, ond Bangor ydy'r dre fwya gogleddol 2 Mae Cymru'n oerach na Twrci, ond y Ffindir ydy'r wlad oera 3 Mae Fred yn dlotach na Ron, ond Bert ydy'r dyn tlota 4 Mae *Home and Away* yn fwy diflas na *Neighbours*, ond *Power Rangers* ydy'r rhaglen fwya diflas 5 Mae Rwsieg yn galetach na Ffrangeg, ond Fietnameg ydy'r iaith galeta 6 Mae Fiona'n gryfach na Veronica, ond Mandy ydy'r ferch gryfa 7 Mae cwrw'n ddrutach na dŵr, ond gwin ydy'r diod druta 8 Mae Paris yn fwy prydferth na Llundain, ond Prag ydy'r ddinas fwya prydferth

Exercise 2 1 Pwy ydy'r tala (/f. dala) yn y dosbarth 'ma? 2 Mae hi mor dawel fan hyn! 3 Mae'r un yma mor rhad â'r un arall 4 Sioned ydy'r ferch berta yn y dre 5 P'un ydy'r wlad dlota yn Ewrop? 6 Y peiriant yma ydy'r tryma 7 Dy gar di ydy'r arafa ohonyn nhw i gyd 8 Dyw'r crys 'ma ddim mor gostus/ddrud â'r un yna 9 Y llyfr yma ydy'r un mwya defnyddiol 10 Dyma'r sbectol rhata sy gyda ni 11 Dyma'r ffilm fwya anobeithiol weles i erioed 12 Pwy ydy'r dyn cyfoethoca yn y byd? 13 Pwy ydy'r fenyw gyfoethoca yn y wlad? 14 Dyma'r rhaglen fwya diflas glywes i erioed 15 Mae pobol mor gyfeillgar fan hyn ag erioed 16 Dyn ni'n chwilio am y Cymro cryfa 17 Dyn ni hefyd yn chwilio am y Gymraes gryfa 18 Dyn ni'n disgwyl y tywydd oera ers talwm dros y Sul 19 Ydy'r gêm 'ma mor boblo-gaidd ag oedd hi? 20 Dyn ni angen stafell mor dywyll ag sy'n bosib

Unit 7

Exercise 1 1 uwch na 2 i well 3 ond fwy 4 gorau nhw 5 'r is 6 'n isel 7 mae llai 8 ydy fwya

Exercise 2 1 Mae'r sefyllfa'n waeth heddiw na ddoe 2 Dyma'r mynydd

ucha yng Nghymru 3 Ga i gyflwyno mrawd hŷn? 4 P'un ydy'r ffordd orau
i Gaerdydd o fan hyn? 5 Dyn ni angen tŷ mwy 6 Mae prisiau'n is fan hyn
na draw fan'na 7 Mae pethau'n edrych yn well 8 P'un ydy'r wlad fwya yn
y byd? 9 Mae'r stafell yn llai nag o'n i'n feddwl 10 Mae cynlleied o bobol
fan hyn! 11 Dw i cystal â ti 12 Mae cymaint o fwyd ar ôl! 13 Sarah ydy'r
hyna (/hena) fan hyn 14 Dyma'r rhaglen waetha ar y teledu 15 Mae'r afon
yn isel iawn heddiw 16 Mae'r papur 'ma'n ddrwg, ond mae'r un yna'n
waeth fyth 17 Mae'r awyren yma'n hedfan yn uwch na'r un yna 18 Ga i
rif is? 19 Mae'r Gymraeg yn haws na Rwsieg 20 Mae cymaint o bobol
fan hyn!

Unit 8

Exercise 1   1 dyma tro 2 amser yn 3 doedd bryd 4 'r bryd 5 roedd adeg
6 weithiau yn 7 amser yn 8 tro ddim
Exercise 2   1 Oes amser 'da ti (/Oes gen ti amser) i edrych ar y rhain?
2 Dw i wedi esbonio hyn dairgwaith yn barod 3 O'n ni'n byw ym Mangor
bryd hynny 4 Lle o'ch chi adeg y chwyldro? 5 Dw i ddim eisiau siarad ar
hyn o bryd 6 Fe arhosodd hi yn Iwerddon am weddill ei hoes 7 Dw i'nh
edrych ymlaen at gyfnod o orffwys 8 Mae oes y cyfrifiadur wedi cyrraedd
9 Dyma'r pedwerydd tro iddi (hi) ffonio bore 'ma 10 Does dim llawer o
amser ar ôl 11 Ydy amser yn bwysig i chi? 12 Dewch yn ôl amser cinio

Unit 9

Exercise 1   1 **Dw i wedi darllen y papur** 'I've read the paper' 2 **O'n i
heb siarad ag e** 'I hadn't spoken to him' 3 **Mae'r lleill wedi dod** 'The
others have come' 4 **Mae Rhodri heb fwcio'r stafell** 'Rhodri hasn't booked
the room' 5 **Dyn ni wedi dechrau** 'We have started' 6 **Mae'r plant wedi
gorffen eu brecwast** 'The children have finished their breakfast' 7 **Mae'r
bws heb adael** 'The bus hasn't left' 8 **Pwy sy heb lofnodi'r ffurflen 'ma?**
'Who hasn't signed this form?'
Exercise 2   1 Dych chi ar ffonio? 2 Mae hi newydd adael 3 Dw i heb
weld e 4 Mae Fred heb dalu 5 Ydyn nhw newydd ddod yn ôl? 6 Wyt ti
newydd ffonio nhw? 7 Dw i heb ffonio 'to 8 Dyn ni newydd weld y lleill
9 O'n i ar fynd 10 Maen nhw wedi ymddiheuro
Exercise 3   1 d 2 g 3 b 4 f 5 j 6 a 7 c 8 h 9 e 10 i

Unit 10

Exercise 1   1 Ddaru chi ddod ddoe? 2 Ddaru mi ddim mynd tan ddiwedd
yr wythnos 3 Lle nest ti aros neithiwr? 4 Ddaru mi weld nhw yn y dre
5 Pryd naethon nhw ffonio, 'te? 6 Nes i ddim clywed y rhaglen, yn anffodus
7 Beth naeth Rhodri awgrymu yn y diwedd? 8 Ddaru mi anghofio'n llwyr

9 Ddaru'r plant i gyd syrthio 10 Naeth hi ddiffodd y teledu
Exercise 2 1 Nes i ffeindio'r papurau lan staer/fyny'r grisiau 2 Ddaru chi weld nhw o gwbwl tro 'ma? 3 Ddaru ni ymweld â'r castell bore 'ma 4 Ddaru mi weld Simon a Louisa yn Llundain 5 Ddaru Simon a Louisa ngweld i yn Llundain 6 Naethon nhw ddweud wrthat ti? 7 Naethon ni siarad â dy ffrindiau ddoe 8 Nest ti fwcio'r tocynnau? 9 Nes i ddim darllen y cwestiwn yn iawn 10 Ddaru mi gwyno am y bwyd
Exercise 3 1 Gest ti amser da yn Iwerddon? 2 Ffonies i nhw neithiwr 3 Es i ddim yn y diwedd 4 Esbonioch chi'r broblem iddo? 5 Collodd Ron y bws 6 Pwy adawodd y drws 'ma ar agor? 7 Aeth y merched am chwech 8 Godest ti'n gynnar bore 'ma? 9 Gwariodd Sioned ormod o arian 10 Daeth y lleill wedyn

Unit 11

Exercise 1 1 dw fod 2 yn mod 3 bod dod 4 bod 'n 5 siwr bod 6 mod 'r 7 mae fod 8 chi bod 9 ddim fod 10 ti bod
Exercise 2 1 Wyt ti'n siwr fod hyn yn iawn? 2 Mae Rhodri'n dweud fod ti'n chwilio am swydd 3 Mae pawb yn gwybod bod hi'n dysgu Cymraeg 4 O'ch chi'n gwybod fod Fiona'n disgwyl? 5 Mae Fred yn honni fod e wedi colli'r cyfarwyddiadau 6 Dw i'n meddwl bod hi'n bwrw glaw 7 Maen nhw'n dweud fod pethau'n mynd i waethygu 8 Dw i ddim yn meddwl fod hyn yn deg 9 Dw i'n meddwl mod i'n hwyr 10 Gobeithio bod hi'n ddigon cynnes fan hyn
Exercise 3 1 O'n i'n meddwl bod hi ddim yn hoffi pêl-droed o gwbwl 2 O'n i'n meddwl fod e'n gweithio mewn ffatri 3 O'n i'n meddwl bod nhw'n dod yn ôl yfory 4 O'n i'n meddwl bod hi'n byw yng Nghymru 5 O'n i'n meddwl fod e'n mynychu Ysgol Llanilar 6 O'n i'n meddwl bod nhw'n dod pnawn 'ma 7 O'n i'n meddwl fod e'n gadael am bedwar 8 O'n i'n meddwl bod nhw draw fan'na 9 O'n i'n meddwl bod hi'n para am ddwy awr yn unig 10 O'n i'n meddwl fod e'n cael ei benblwydd ym mis Awst

Unit 12

Exercise 1 1 Dw i'n siwr bod nhw mewn pryd 2 Mae'n amlwg y bydd y lleill yn aros 3 Mae'n ymddangos bod ni'n hwyr 4 Mae Sioned yn dweud mod i'n rhy gynnar 5 Dw i'n meddwl y byddi di'n barod 6 Dych chi'n credu y bydda i'n iawn? 7 Ydy hi'n wir y bydd eich ffrind yn dod 'da ni? 8 Mae pawb yn gwybod y byddan nhw'n grac 9 Dw i'n siwr y bydd popeth yn iawn 10 Wyt ti'n meddwl fod digon o amser 'da ni?
Exercise 2 1 O't ti'n gwybod fod y tŷ ar werth? 2 Gobeithio y byddwch chi'n hapus iawn 3 Dw i'n meddwl y bydd digon o amser 'da ni wedi'r cwbwl 4 Maen nhw'n dweud y bydd rhaid inni geisio eto 5 Mae'n bosib

y byddwn ni'n llwyddo 6 Glywes i y bydd y lleill yn dod wedyn 7 Dyn ni'n gwybod y byddan nhw yn ôl 8 Wyt ti'n siwr y byddi di'n iawn? 9 Mae Dewi yn dweud y bydd y llyfr allan mis nesa 10 Dw i'n siwr y gallwn ni'ch helpu chi / Dw i'n siwr bod ni'n gallu'ch helpu chi

Exercise 3 1 gobeithio bod 2 fe fod 3 wrtho y 4 dw mod 5 y 'n 6 ddim fod 7 y ni 8 mae bod

Unit 13

Exercise 1 1 Wyt ti'n siwr na fyddwn ni mewn pryd? 2 Maen nhw'n dweud fod y trên ddim yn hwyr 3 Ydy'ch gŵr yn honni fod hynny ddim yn iawn? 4 Fe glywes i na fydd yr awdurdodau'n ailfeddwl 5 Fe glywes i fod yr awdurdodau ddim yn bwriadu ailfeddwl 6 Dw i'n siwr na alla i'ch helpu chi 7 Mae'n bosib na fedr Dafydd ddod 8 Dw i'n gobeithio na fyddi di'n talu'r bil 'ma

Exercise 2 1 Cer i ofyn iddyn nhw ydyn nhw'n barod 2 Mae Mair yn dweud na fydd hi'n gallu siarad 3 Sgwn i (/Tybed) ydy'r ffilm 'ma'n dda 4 Dw i wedi clywed bod hi'n ofnadwy 5 Dw i ddim yn gwybod ydy hyn yn iawn neu beidio 6 Dwedodd Ron fod ti'n sâl 7 Dw i'n meddwl mod i'n barod i fynd nawr 8 Mae'n ymddangos na fydd y tŷ 'ma ar werth tan y flwyddyn nesa 9 Gobeithio na allan nhw weld ni / Gobeithio bod nhw ddim yn gallu'n gweld ni 10 Dyw Fred ddim yn gwybod ydyn nhw wedi trefnu'r tocynnau 'to

Exercise 3 1 Cer i ofyn all Elwyn ein helpu ni 2 Cer i ofyn ydy hi'n rhy hwyr 3 Cer i ofyn alla i ddefnyddio cerdyn credyd fan hyn 4 Cer i ofyn ydyn nhw wedi deall 5 Cer i ofyn ydy'r teledu yn gweithio 6 Cer i ofyn fyddan nhw i gyd yn cefnogi ni 7 Cer i ofyn oes amser 'da ni 8 Cer i ofyn fydd y lleill yn aros amdanon ni

Unit 14

Exercise 1 1 Dyma'r plant a dorrodd y ffenest 2 Dyma'r ferch a fydd yn canu ar ô (cinio) 3 Dyma'r bobol a oedd yn tynnu lluniau 4 Dyma'r dyn a fydd yn cysylltu â chi 5 Dyma'r bobol a oedd yn eistedd yn y gornel 6 Dyma'r fenyw a welodd y ddamwain 7 Dyma'r dyn a ffoniodd yr heddlu 8 Dyma'r nwyddau a fydd ar y farchnad wythnos nesa

Exercise 2 1 Dw i angen rhywun a fydd ar gael drwy'r wythnos nesa 2 Ellwch chi gymeradwyo llyfr a fydd yn gwneud i mi chwerthin? 3 P'un ydy'r dyn na atebodd y cwestiynau? 4 Dyma'r llyfr a oedd ar y teledu neithiwr 5 Mae pobol fan hyn a all eich helpu chi 6 Dyna'r dyn a alwodd heibio ddoe 7 Mae mrawd yn byw mewn tŷ a oedd yn gapel 8 Llogon ni fwthyn nad oedd yn ddigon mawr

Exercise 3 1 Dyma'r dyn nad oedd fan hyn heddiw 2 Dyma'r dyn na dalodd ei fil 3 Dyma'r fenyw na gollodd ei harian 4 Dyma'r dyn na

werthodd ei gar 5 Dyma'r peiriant nad oedd yn gweithio ddoe 6 Dyma'r
bobol na fydd yn dod heno 7 Dyma'r bachgen na ffoniodd yr ambiwlans
8 Dyma'r rhaglen na fydd yn cael gwobr

Unit 15

Exercise 1   1 Dyma'r garej sy'n gwneud gwaith da 2 Dyma'r athro a fydd
yn mynd â'r plant i Lundain 3 Dyma'r dyn na dalodd ei fil 4 Dyma'r bobol
sy ddim yn siarad Ffrangeg 5 Dyma'r ysbyty sy'n cau wythnos nesa
6 Dyma'r bobol sy ddim yn cael gwyliau eleni 7 Dyma'r plant sy'n mynd
i Lundain 8 Dyma'r bachgen na fydd fan hyn pnawn 'ma
Exercise 2   1 Lle mae'r plant a fydd yn dod heddiw? 2 Pwy ydy'r bobol
sy ddim yn dod? 3 Gawn ni gi sy ddim yn rhy swnllyd? 4 Dyma'r myfyrwyr
sy ddim wedi pasio'r arholiad 5 Dw i eisiau rhywun sy'n siarad Ffrangeg
6 Dw i ddim eisiau rhywun sy'n siarad Ffrangeg 7 Dw i eisiau rhywun sy
ddim yn siarad Ffrangeg 8 Dyma'r dyn prynes i ei lyfr 9 Dyma'r garej
sy'n gwneud y gwaith gorau 10 Dyma'r llyfr sy ddim ar y rhestr darllen
11 Dyma'r llyfr nad ydw i eisiau (ei) ddarllen / Dyma'r llyfr dw i ddim
eisiau (ei) ddarllen 12 Dyma'r bobol weles i eu plant nhw 13 Dyn ni angen
car na fydd yn gadael ni i lawr 14 Lle mae'r ferch a oedd yn gofalu am
y cotiau? 15 Dw i eisiau gwybod fydd y bobol 'ma fan hyn yfory 16 Newch
chi roi llyfr i mi y galla i gynnig fel gwobr? 17 Dyma'r rhaglen nad ydw
i eisiau gwylio / Dyma'r rhaglen dw i ddim eisiau gwylio 18 Dych chi
eisiau car sy ddim yn defnyddio gormod o betrol? 19 Allech chi edrych
ar y papurau sy ar ôl? 20 Dyma'r un byddwn ni angen

Unit 16

Exercise 1   1 Fasai Meleri ddim yn cytuno 2 Faswn i'n gynnar? 3 Mi
fasai'r ardd yn edrych yn neis 4 Fasech chi'n chwarae gwyddbwyll?
5 Mi fasai amser wedyn 6 Fasech chi'n dod â'r plant? 7 Pwy fasai'n dweud
hynny? 8 Fasen nhw ddim yn siarad â hi 9 Mi fasai rhiad inni ymddiheuro
10 Mi fasen ni'n yfed gormod
Exercise 2   1 Pwy fyddai eisiau gwneud hynny? 2 Fydden ni ddim yn
rhwystro'r dosbarth 3 Fyddai dim digon o amser gen i (/'da fi) 4 Fe fyddai
Ron yn deall ein problem 5 Fyddet ti'n gallu gweld yn iawn? 6 Faint
fyddai'r rhain? 7 Dy broblem di fyddai hynny 8 Beth fyddai'n digwydd?
9 Fe fyddai Eleri'n gallu siarad â ni 10 Fyddai rhaid inni dalu ymlaen
llaw?
Exercise 3   1 Mi fydd digon o amser ar ôl 2 (Dwyt) ti ddim yn y lle iawn
3 Fe wedodd Sioned yr un peth 4 Dych chi'n fodlon helpu? 5 Dw i'n
gwybod yr ateb 6 Roedd hynny'n neis iawn 7 Roedd rhaid iddi gysgu ar
y llawr, on'd oedd? 8 Mi ddaethon nhw i gyd ar ôl cinio 9 Fyddi di ddim
yn gorfod teithio 10 Dw i ddim yn aros amdano fe

Unit 17

Exercise 1   1 o 2 o 3 c 4 o 5 o 6 c 7 o 8 c 9 o 10 c
Exercise 2   1 Os gwela i Ron, gofynna i iddo 2 Nei di yrru'r car os caria
i'r bagiau? 3 Os bydd amser 'da ni wedyn, esbonia i bopeth 4 Bydd rhaid
i Ron fynd ar y bws os bydd streic ar y rheilffyrdd 5 Os bydd streic ar y
bysiau, gallwn ni fynd ar y trên 6 Os enilla i ar y loteri, rhodda i filiwn i
chi i gyd 7 Os nad ydyn nhw'n barod nawr, mae'n rhy hwyr 8 Os na fyddi
di fan hyn mewn pryd, bydd rhaid inni aros amdanat ti 9 Ga i geisio
(/drio) unwaith eto, os oes (/bydd) amser? 10 Os nad ydyn nhw'n fodlon
helpu, waeth inni fynd 11 Os wyt ti o ddifri, well inni ffonio'r awdurdodau
nawr 12 Cerdda i os na fydd y bws yn dod yn fuan (/os na ddaw'r bws
yn fuan) 13 Os eith popeth yn iawn (/os bydd popeth yn mynd yn iawn),
ffoniwn ni ti gartre 14 Os na ddoi di (/Os na fyddi di'n dod) yfory, bydd
rhaid i mi esbonio i Fiona 15 Bydd hi'n rhy hwyr os na fyddwch chi fan
hyn erbyn deg 16 Ffoniwch y rhif 'ma os dych chi eisiau rhagor o fanylion
17 Os ydy Gwenith yn sâl, well inni aros tan yfory 18 Os bydd Gwenith
yn sâl yfory, bydd rhaid inni aros tan wythnos nesa 19 Os ydy pawb yn
cytuno, awn ni ymlaen i drafod y manylion 20 Bydda i'n synnu os na ddaw
Sioned (/os na fydd Sioned yn dod) yn ôl erbyn pnawn 'ma

Unit 18

Exercise 1   1 byddai fi 2 i eisiau 3 i y wyt cael 4 'ch ôl 5 hyn fasai 6 pe
'n ddim 7 mi pe wedi 8 bydd fynd na 9 ni 10 taswn 'n
Exercise 2   1 Fyddet ti'n gwneud y te pe byddwn i'n gwneud y brech-
danau? 2 Bydd hi'n rhy hwyr os na ewch chi ar unwaith 3 Pe byddai
Gwenith yn dod yfory, byddai digon o bobol 'da ni 4 Fyddai hi'n well pe
byddwn i'n aros fan hyn? 5 Bydd rhaid inni roi'r gorau iddi os bydd y
tywydd yn gwaethygu 6 Os ydy'r bwyd yn barod, waeth inni fynd i mewn
7 Byddai hi'n rhy hwyr pe na fyddech chi'n mynd erbyn hanner dydd
8 Byddai rhaid i ti ffonio pe byddai'r trên yn hwyr
Exercise 3   1 Mi fydd popeth yn iawn os cyrhaeddwch chi erbyn deg
2 Fyddwn ni ddim yn hapus os geith Bert y swydd 3 Pe byddet ti'n dod
gyda ni, byddet ti'n cael gyrru'r car 4 Os arhosith y gweddill fan hyn,
bydd digon o le ar y bws 5 Pe byddech chi'n edrych fan hyn, mi fyddech
chi'n gweld yn union beth sy'n bod 6 Fyddai dim digon o amser pe na
fyddet ti'n gwneud hyn ar unwaith 7 Os eith Suzie ar gwrs, bydd rhaid i
chi wneud ei gwaith 8 Fyddech chi'n grac pe na fydden ni'n dod?

Unit 19

Exercise 1   1 e 2 g 3 h 4 b 5 c 6 k 7 d 8 a 9 l *10 j* 11 i 12 f
Exercise 2   1 Dylen ni aros fan hyn 2 Ddylen ni ddim aros fan hyn 3 Cer

i ofyn leiciai Fred ddod 4 Ddylet ti wisgo hwnna heno? 5 Dw i'n meddwl dylen ni fynd nawr 6 Allech chi helpu fi gyda'r bagiau 'ma? 7 Leiciai 'ch ffrindiau ragor o goffi? 8 Ddylen ni ofyn iddyn nhw? 9 Leiciwn i drafod hyn gyda chi, os galla i 10 Ydy'ch ffrindiau'n leicio coffi? 11 Gallai Ron a Fifi aros gyda ni 12 Pwy allai wneud y gwaith 'ma inni, tybed? 13 Dw i ddim yn gwybod ddylwn i ddweud wrthat ti, ond ... 14 Ddylet ti ddim gweiddi fel 'ny 15 O'n i'n gallu gweld (/Gallwn i weld) fod ti'n sâl 16 Tybed allet ti eistedd draw fan'na? 17 Ddylai pobol ddim dweud pethau felly 18 Allai Fred ddim gyrru'r car 'ma – mae'n rhy fach iddo 19 Allwn i ddim derbyn yr arian 'ma 20 Leiciet ti laeth yn dy de?

Unit 20

Exercise 1   1 g 2 i 3 h 4 e 5 b 6 *f* 7 k 8 l 9 a 10 d 11 j 12 c

Exercise 2   1 Gallet ti fod wedi dweud wrtha i! 2 Tybed (/Sgwn i) ddylen ni fod wedi esbonio hynny? 3 Beth allen ni fod wedi (ei) wneud? 4 Dw i'n meddwl dylech chi fod wedi aros 5 Rhaid bod nhw wedi gadael yn barod 6 Gallet ti fod wedi helpu 7 Leiciwn i fod wedi trafod hyn gyda fe 8 Gallai'r plant fod wedi syrthio 9 Efallai fod y penderfyniad wedi dod yn rhy hwyr 10 Allwn i fod wedi helpu o gwbwl? 11 Dylen ni fod wedi bwcio'n gynharach 12 Efallai bydd rhaid inni aildrefnu'r daith 13 Rhaid bod yr ysgol ar gau erbyn hyn 14 Allai Sioned ddim fod wedi ysgrifennu hyn 15 Efallai fod y lladron wedi dianc 16 Gallen ni fod wedi bwydo'r adar tasai (/pe byddai) amser wedi bod 'da ni 17 Efallai fod y gêm wedi dechrau'n barod 18 Gallen nhw fod wedi rhybuddio ni 19 Efallai bydda i'n dod (/Efallai do i) yfory os galla i 20 Efallai fod y papurau 'ma wedi perthyn i George Washington

Unit 21

Exercise 1 (PRET **caf-** and **caws-** alternatives are also possible) 1 Mi gaethon nhw eu gweld yn y dre gan Bert 2 Bydd y stafell yn cael ei dacluso (more formal: **thacluso**) gan y plant 3 Fe gaeth y planhigion 'ma eu plannu gan Fred ddoe 4 Mae'r ddinas yn cael ei dinistrio gan y fyddin 5 Mi gaeth yr adar eu bwydo gan Alun yn yr ardd 6 Basai'r llythyr yn cael ei lofnodi gan Dafydd 7 Caeth y llythyr ei lofnodi gan Dafydd 8 Roedd y recordydd fideo'n cael ei drwsio gan Suzie 9 Fe gaeth y llyfrau eu gwerthu gan Elen 10 Fe gaeth tri dyn eu harestio neithiwr gan yr heddlu

Exercise 2 (PRET **cae-** alternatives also possible) 1 Cafodd y tŷ 'ma ei godi ddwy flynedd yn ôl 2 Mae'r ceir yn cael eu stopio gan yr heddlu 3 Cewch chi'ch arestio os ewch chi i mewn 4 Cafodd tair ffenest eu torri neithiwr 5 Bydd y broblem 'ma'n cael ei datrys cyn hir 6 Ydy'r llyfr 'ma'n cael ei ddarllen gan bawb? 7 Bydd y siop newydd 'ma'n cael ei hagor gan J.B. yfory 8 Cafodd y llinellau ffôn i gyd eu torri 9 Cafodd y bil ei dalu'n brydlon 10 Mae'r anifeiliaid yn cael eu bwydo bob bore

Exercise 3   (PRET **cae**- alternatives also possible) 1 Fe geith y rheolwr (/Fe fydd y rheolwr yn cael) ei ddiswyddo 2 O't ti'n cael dy dalu am y gwaith? 3 Cafodd y ffatri 'ma ei chau 4 Gafodd y papurau eu danfon heddiw? 5 Cafodd y goleuadau eu diffodd 6 Gei di (/Fyddi di'n cael) dy dalu am y gwaith? 7 Mi faswn (/fyddwn) i'n cael nhaflu allan o'r dafarn 8 Gawson nhw eu holi gan yr heddlu? 9 Mae'r bwyd yn cael ei gadw fan hyn 10 Mae'r llong yn cael ei lansio eleni

Unit 22

Exercise 1   1 bil heb ei dalu 2 rhaglen wedi'i hailddarlledu 3 teledu wedi'i logi 4 car wedi'i drwsio 5 cân heb ei chlywed 6 arlywydd wedi'i ethol gan y bobol 7 cwango heb ei ethol 8 problem heb ei datrys 9 llyfr wedi'i ysgrifennu gan Proust 10 stafell wedi'i tacluso (more formal: **thacluso**) 11 pryd o fwyd heb ei fwyta 12 rhaglen heb ei darlledu 13 oriawr wedi'i trwsio (more formal: **thrwsio**) 14 cwestiwn heb ei ateb 15 cân wedi'i chyfan- soddi gan y Beatles 16 stamp heb ei ddefnyddio 17 bil wedi'i dalu â siec 18 drws wedi'i gau 19 car heb ei olchi 20 swyddog heb ei ethol 21 siec wedi'i llofnodi gan Madonna 22 opera wedi'i hysgrifennu gan Mozart 23 llyfr wedi'i gyhoeddi gan Routledge 24 nofel heb ei gorffen 25 llun wedi'i dynnu yn Salzburg

Unit 23

Exercise 1   1 Fe delir eich cyflog yn fisol 2 Fe agorwyd siop newydd 3 Fe rennir yr arian rhwng y ddau 4 A adnewyddir y cytundeb? 5 Fe anafwyd tri dyn 6 Fe gaewyd y llyfrgell am bump heddiw 7 A gollwyd yr arian? 8 Fe agorir y ganolfan hamdden yfory 9 Fe gyfieithir y ddogfen 10 A werthwyd y tŷ?

Exercise 2   1 Fe dynnwyd y llun 'ma gan y ffotograffydd swyddogol 2 Fe werthwyd y planhigion i gyd 3 Fe siaredir Cymraeg fan hyn 4 Fe gynigiwyd rhagor o gymorth ariannol 5 Fe ddatblygir canolfan siopa newydd 6 A gynhwysir mynegai? 7 A achoswyd y ddamwain gan y dyn 'ma? 8 Fe honnir fod dim (byd) o'i le

Exercise 3   (PRET **cae**- alternatives also possible) 1 Gafodd lluniaeth ei drefnu? 2 Dyw'ch cyflog ddim wedi cael ei dalu hyd yn hyn 3 Cafodd y tŷ ei losgi'n ulw 4 Cafodd y swyddfa ei chau 5 Cafodd y gwaith ei gwblhau erbyn y Gaeaf 6 Gafodd(/Chafodd) Bert Bloggs mo'i ethol 7 Gafodd y sefyllfa ei hesbonio? 8 Gafodd y prif bwyntiau eu pwysleisio? 9 Fe gafodd y cysylltiad â Chymru ei dorri yn y 60au 10 Fe gafodd y dilledyn ei wneud mewn ffatri yn y De

Unit 24

Exercise 1 1 rhyngddyn 2 dano 3 hebdda 4 drostoch 5 drwyddat 6 dano 7 hebddat 8 rhyngddat

Exercise 2 1 Bydd rhaid inni wneud y gwaith hebddi (hi) 2 Allet ti fynd i'r siop droston ni? 3 Alla i ddim gweld unrhyw wahaniaeth rhyngddoch chi 4 Roedd hwn yn arholiad anodd, felly awn ni drwyddo (fe) 5 Peidiwch mynd hebdda i! 6 Dyn ni heb orffen 'to (/Dyn ni ddim wedi gorffen 'to) 7 Aethon ni i mewn drwy ffenest y gegin 8 Aethon ni i mewn drwy dorri ffenest y gegin 9 Pwy sy dros ysgrifennu llythyr atyn nhw? 10 Bydd hi'n anodd iawn hebddyn nhw

Unit 25

Exercise 1 1 hôl 2 cyfer 3 yn 4 mhwys 5 'ch 6 nhraws 7 gyfer 8 nhw 9 o 10 lle

Exercise 2 1 A i yn ei lle hi 2 Beth ydy hwnna o'u blaen nhw? 3 Ar eich ôl chi! 4 Dw i wedi paratoi nodiadau ar eu cyfer nhw 5 Dw i'n byw ar bwys yr orsaf 6 Pam na nei di rywbeth yn lle cwyno? 7 Daethon ni i Gymru ar ôl y rhyfel 8 Cer i eistedd ar ei pwys (/phwys) hi 9 Gad y bagiau fan'na o dy flaen di 10 Gad y bagiau fan'na o flaen y teledu 11 Paid sefyll o mlaen i! 12 Roedd e'n sefyll ar mhwys i trwy'r amser 13 Mae Fred yn sâl heddiw, felly dw i'n dod yn ei le (fe) 14 Mae'r ardd yn fawr, gyda coed(/choed) o'i chwmpas 15 Waeth inni eistedd o flaen y teledu trwy'r dydd 16 Treulion ni'r bore yn cerdded o gwmpas y dre 17 Paid torri ar ei traws (more formal: **thraws**) hi trwy'r amser! 18 Dyna'r orsaf, gyda'r bysiau o'i blaen (hi) 19 Roedd popeth wedi'i drefnu ar nghyfer i 20 A i ar ei ôl e, iawn?

Unit 26

Exercise 1 1 Faint ydy'r rhain? 2 Ydy popeth yn iawn? 3 Gadawodd rhywun rywbeth i ti 4 Pwy ydy hwnna draw fan'na? 5 Dw i eisiau chwech o'r rhain ac un o'r rheina 6 Dw i eisiau chwech o'r afalau 'ma 7 Mae hyn yn warthus! 8 Oes unrhywbeth arall? 9 Does neb yn gwybod dim dyddiau 'ma 10 Ydy pawb fan hyn? 11 Ydy popeth 'da ti? 12 Oes unrhywbeth 'da ti? 13 Does dim (byd) wedi digwydd fan hyn 14 Mae'r rhain yn rhy fawr i mi 15 Ydy pawb yn barod? 16 Mae hynny'n dibynnu arnat ti 17 Oes unrhywun eisiau helpu? 18 Dyna 'n chwaer (i) or 'N chwaer (i) ydy honna 19 Mae hyn yn rhy beryglus! 20 Mae hynny'n ormod 21 Mae rhywbeth yn bod or Mae rhywbeth o'i le 22 Dych chi'n dweud hynny bob tro 23 Mae pob unigolyn yn wahanol 24 Dylai popeth fod yn iawn nawr 25 Wedes i ddim byd 26 Wedest ti rywbeth? 27 Mae'r sefyllfa 'ma'n rhy beryglus! 28 Wedodd neb ddim (byd) 29 Rhaid i rywun ddweud rhywbeth 30 Dw i'n dweud dim (byd)

Unit 27

Exercise 1   1 Sgwn i (/Tybed) ydy'ch dull chithau'n well? 2 A i 'n hun 3 Maen nhw'n meddwl bod nhw'n caru ei gilydd 4 Byddai'n well 'da fi (/gen i) aros fan hyn ar ben 'n hun 5 Pam bod chi'n edrych ar eich gilydd fel 'ny? 6 Peidiwch anghofio dod â'ch llyfrau'ch hun (/hunain) 7 Ngwaith 'n hun (/hunan) i gyd ydy hwn 8 Leiciech chi eistedd gyda'ch gilydd? 9 Beth am eu hanghenion nhwthau? 10 Weithiau dw i'n teimlo fel lladd 'n hun 11 'N arian 'n hun (/hunan) ydy hwn 12 Peidiwch anghofio ffonio'ch gilydd 13 Ei char hithau ydy hwn! 14 Bydd rhaid inni helpu'n hunain 15 Bydd rhaid inni helpu'n gilydd 16 Na i hyn ar ben 'n hun (/hunan), diolch 17 Dych chi'n nabod eich gilydd? 18 Na i roi hyn oll ar 'y mil 'n hun (/hunan) 19 Edrych ar dy hun (hunan)! 20 Awn ni efo'n gilydd 21 Dylen ni gadw mewn cysylltiad gyda (/efo)'n gilydd 22 Ga i gyflwyno 'n hun (/hunan)? 23 Gad (/Gadewch) inni siarad â'n gilydd 24 Sgwn i (/Tybed) oes rhaid iddi hithau ddod i mewn? 25 Dan ni eisiau bod efo'n gilydd! 26 Dych chi'n mynd i fynd â'ch bwyd eich hun (/hunain)? 27 Pam na ewch chi gyda'ch gilydd? 28 Rhaid iddyn nhw siarad â'i gilydd 29 Dylwn i fod wedi gwneud hyn 'n hun (/hunan) 30 Eu car nhwthau ydy hwnna!

Unit 28

Exercise 1   1 Beth ŵyr Jenkins am dlodi? 2 Wyddwn i ddim am hynny 3 Wyddech chi fod Meleri'n sâl? 4 Gwn i fod rhywbeth yn bod 5 Gwyddai'r rheolwr yn barod 6 Gwyddwn i fod dy rieni'n grac 7 Wyddoch chi lle mae'r lleill wedi mynd? 8 Wyddon ni ddim beth i wneud 9 Wydden nhw mo'r ffeithiau 10 Wyddet ti hynny?

Exercise 2   1 Beth wyddon nhw? 2 Wyddost ti beth? Mae Bert wedi priodi! 3 Beth wyddai hi? 4 Wyddwn i fod ti'n iawn 5 Pwy a ŵyr beth nân nhw nesa? 6 Wydden nhw ddim byd am hyn 7 Wyddoch chi beth sy wedi digwydd fan hyn? 8 Wyddet ti ddim, 'te?

Exercise 3   1 So nhw'n siarad yn rhugl 2 Dyw Martin ddim wedi cyrraedd 'to 3 Dyw e ddim yn cytuno, yn anffodus 4 So'r plant yn leicio bresych 5 Sa i'n deall 6 Dw i ddim wedi clywed hynny 7 So hi'n rhy hwyr 8 Dyn ni ddim yn bwriadu dod 9 So ti wedi cael y neges, 'te? 10 Dych chi ddim yn iawn fan'na, dw i ddim yn credu

Unit 29

Exercise 1   Dyma beth °ddigwyddodd ar ein gwyliau eleni. Fe aethon ni i °Loegr °ddiwedd mis Gorffennaf am °bythefnos. O'n ni am °dreulio'r amser yn y cefn gwlad, gan bod ni'n byw yn y °ddinas °fawr, ac felly fe °benderfynon ni °wersylla ger Henffordd. I °ddechrau, roedd y tywydd yn

°dda – ond erbyn diwedd yr wythnos °gynta roedd pethau'n gwaethygu. Mi °gaethon ni °wyntoedd cryfion °ddydd Gwener, ac wedyn glaw trwm dros y Sul. Roedd rhaid inni °fwcio stafell mewn gwesty ar °gyfer yr ail wythnos achos °fod y cae mor °wlyb. Fe °dreulion ni °weddill yr wythnos yn crwydro strydoedd Henffordd ac yn gwario gormod o arian yn y siopau. Roedd y bwyd yn °gostus, ond y °bobol yn °gyfeillgar ymhobman. Mae'n °bosib y byddwn ni'n aros yng Nghymru y °flwyddyn nesa, neu mi °allen ni °fynd ar °daith o °gwmpas Iwerddon. °Fyddwn ni °ddim yn gwneud unrhyw °benderfyniad tan °fis Ionawr o °leia.

Exercise 2 1 °Ga i °weld dy °gyfrifiadur newydd? 2 °Fyddwch chi yn y °dafarn heno neu °beidio? 3 Fe °ddaeth y °ddwy °ferch i mewn gyda'i gilydd 4 Oes digon o °fwyd i °bawb? 5 Mi °ddylai Sioned °fynd i'r °dre yn dy °le di 6 Dw i °ddim yn meddwl °fod e'n dod 7 Rhaid inni °frysio rhag ofn i'r bws °ddod yn °gynnar 8 Pa °lyfr leiciet ti °brynu? 9 °Allech chi °ddangos i mi lle mae'r swyddfa °bost? 10 °Fasech chi'n °fodlon gofalu am y °gath am °bythefnos? 11 *Mae'r teulu drws nesa'n swnllyd ofnadwy* 12 °Alla i °ddim diodde eisteddfodau, ond mae rhaid i mi °fynd °weithiau 13 Mi °fydda i'n codi °bob bore am °bump o'r °gloch 14 Daethon (*or* ° Ddaethon) ni yma °ddwy °flynedd yn ôl 15 Oes gynnoch chi °ddigon o °bres yn eich cyfri ar hyn o °bryd?

Unit 30

Exercise 1 1 Ffonies i Fred cyn i Emma ddod i mewn 2 Rhaid i mi weld y llyfr cyn i mi gyfieithu fe 3 Well inni drafod hyn cyn i'r lleill gyrraedd 4 Nes i achub rhai pethau cyn iddi werthu'r tŷ 5 Bydd Ieuan yn esbonio popeth i Siân cyn mynd 6 Fe fwytes i frechdan cyn mynd allan 7 Naethon nhw ddianc cyn inni sylwi 8 Cuddiwch yr anrhegion cyn i'r lleill ddod

Exercise 2 1 Roedd popeth ar ben erbyn inni gyrraedd 2 Weles i hi wrth ddod allan o'r banc 3 Weles i hi wrth iddi ddod allan o'r banc 4 Arhoswch fan hyn nes i rywun ddod 5 Ysgrifennwch fe lawr rhag ofn iddyn nhw anghofio 6 Dyn ni ddim wedi cael glaw ers i ti gyrraedd 7 O'n i'n teimlo braidd yn sâl ar ôl i Fanceinion sgorio 8 Mae popeth yn llanast ers i ti fynd 9 Na i fwydo'r plant ar ôl iddyn nhw gael cyfle i chwarae 10 Cadwch yn dawel nes i mi orffen 11 Mae pethau wedi bod yn anodd ers i Huw golli ei swydd 12 Erbyn i Nancy ddeffro, roedd hi'n rhy hwyr yn barod 13 Mi elli di fynd ar ôl i mi drwsio hwn 14 Mi ellwch chi i gyd ofyn cwestiynau ar ôl inni drafod popeth 15 Arhosa i fan hyn nes i'r cymdogion ddod yn ôl 16 Ceisiwch fod yn ôl cyn iddi dywyllu 17 Allech chi ffonio fi cyn mynd? 18 Rhaid i chi fynd i'r gwely ar ôl gweld y rhaglen 'ma 19 Rhaid i chi i gyd fynd i'r gwely ar ôl inni weld y rhaglen 'ma 20 Wrth i Sioned fynd allan, daeth Meleri i mewn

Unit 31

Exercise 1   1 Allwn ni ddim cael cinio fan hyn achos fod dim (*or* achos nad oes) bwyd yn yr oergell 2 Rhaid i ti beidio helpu fe achos y dylai fe wneud y gwaith ei hun 3 Bydd hi'n anodd fan hyn achos fod y stafell yn rhy fach 4 Bydd hi'n anodd fan hyn achos fod y stafell ddim yn ddigon mawr 5 Maen nhw'n edrych yn hapus achos bod nhw wedi pasio'r arholiad 6 Dw i ddim eisiau gwneud hynny achos na fydd amser i orffen 7 Elli di ddim gwylio'r teledu achos fod y trydan ddim yn gweithio 8 Roedd rhaid i mi ymddiheuro achos mod i'n hwyr

Exercise 2   1 Ddo i ddim (/Fydda i ddim yn dod) onibai bod chi'n gyrru 2 Roedd y goleuadau ymlaen yn barod pan agores i'r drws 3 Cofiwch ein rhif ffôn rhag ofn bod chi'n mynd ar goll 4 Helpa i chi, er na ddylwn i 5 Eisteddodd hi'n syth o mlaen i fel na allwn i weld 6 Newidion ni'r llenni fel y byddai (/basai) 'r stafell yn edrych yn fwy 7 Does gen i ddim diddordeb (Does dim diddordeb 'da fi), felly dw i'n aros fan hyn 8 Dere'n agosach (/nes) fel y galla i dy weld ti 9 O'n i ddim yn y stafell pan wedodd Suzie hynny 10 Llofnodwch y papurau 'ma tra bod chi fan hyn 11 Er bod hi'n anodd, na i fe achos fod rhaid i mi 12 Onibai bod nhw'n cytuno, allwn ni ddim mynd ymlaen 13 Na i mo hynny achos na fyddai (/fasai) hi'n deg 14 Cododd pawb ar eu traed pan ddaeth yr arweinydd i mewn 15 Cawson ni'n gwlychu achos fod y bws yn hwyr 16 Allet ti dynnu map fel na fydda i'n mynd ar goll? 17 Do i (/Bydda i'n dod) gyda ti, er y byddai (/basai) 'n well 'da fi (/gen i) beidio 18 Efallai geith e'r swydd wedi'r cwbwl, er nad yw e'n gwybod 'to 19 Rhag ofn bod chi wedi camddeall, gadewch i mi ailadrodd yr hyn wedes i 20 P'un wyt ti eisiau, te neu goffi?

Unit 32

Exercise 1   1 I'r Almaen maen nhw'n mynd 2 Iwan dorrodd y ffenest 3 Neithiwr daeth Sioned a Suzie 4 Yn y siop lyfrau prynodd Dafydd y tocynnau 5 Geraint fydd yn gwybod yr ateb 6 Fan hyn mae'r bwrdd 'na i fod 7 Ddoe o'n i'n siarad â nhw 8 Siarad â nhw ddoe o'n i 9 Cymraeg mae pobol yn siarad fan hyn 10 Fan hyn mae pobol yn siarad Cymraeg 11 Fi dorrodd y ffenest 12 Nhw ddaeth gynta 13 Ni dalodd y bil 14 Chi wedodd hynny 15 Ti siaradodd â hi

Exercise 2   1 Yfory dyn ni'n mynd i ffwrdd 2 Fred oedd yn byw drws nesa 3 Fi wedodd wrthat ti! 4 Y bechgyn naeth y llanast 'ma 5 Drud iawn bydd hi 6 Nhw brynodd y tocynnau! 7 Eich car chi oedd wedi'i barcio'n anghyfreithlon! 8 Ti gwynodd 9 Bert gaeodd y drws 'na 10 Y drws yna caeodd Bert 11 Gyda Mererid est ti i'r sinema? 12 I'r sinema est ti gyda Mererid? 13 Hi wedodd wrthoch chi? 14 Yn y stryd yma maen nhw'n byw 15 Gwella mae'r sefyllfa

Unit 33

Exercise 1 1 Cerdded maen nhw 2 Gwrthod mae Sioned 3 Gwrthod naeth Sioned 4 Sioned wrthododd 5 Sioned sy'n siarad Ffrangeg 6 Ffrangeg mae Sioned yn siarad 7 Ni chwaraeodd bêl-droed 8 Pêl-droed chwaraeon ni 9 Pêl-droed dyn ni'n chwarae 10 Ni sy'n chwarae pêl-droed 11 Y bechgyn sy wedi cyrraedd 12 Wedi cyrraedd mae'r bechgyn 13 Fan hyn mae Sioned 14 Sioned sy fan hyn 15 Mynd adre neith Fred, dw i'n siwr **Exercise 2** 1 Gadael naeth e! 2 Gwrthod naeth y lleill! 3 Dafydd Jones sy'n siarad 4 Gohirio'r cyfarfod nân nhw! 5 Gohirio'r cyfarfod naethon nhw! 6 Fred sy'n iawn 7 Eich ffôn chi sy'n canu 8 Rhodri sy â'r manylion 9 Ond gwaethygu naeth y sefyllfa wedi hynny 10 Ar y silff mae'ch llyfrau 11 Eich llyfrau chi sy ar y silff 12 Ieuan oedd ar y ffôn 13 Ieuan sy ar y ffôn 14 Ieuan ffoniodd 15 Ffonio naeth Ieuan

Unit 34

Exercise 1 1 Gobeithio mai gwrthod nân nhw 2 Efallai mai Elwyn enillodd 3 Efallai mai ennill naeth Elwyn 4 Dw i'n siwr mai dy frawd di ffoniodd 5 Mae pawb yn gwybod mai ti wedodd wrthi 6 Dw i'n meddwl mai yn y gegin maen nhw 7 Dyn ni wedi penderfynu mai chi ydy'r bobol iawn 8 Glywes i mai yfory maen nhw'n gadael 9 Dw i'n meddwl mai Medi yn unig sy'n dod heddiw 10 Ydy hi'n wir mai ti sy ar fai? 11 O'n i'n meddwl mai Paris oedd prifddinas Ffrainc 12 Dw i'n siwr mai Paris ydy prifddinas Ffrainc 13 Mae'n amlwg mai mis Medi ydy'r amser gorau 14 Allech chi esbonio iddo nad (/mai nid) ni sy'n gyfrifol? 15 Efallai mai nhw ddaw (/fydd yn dod) â'r plant 16 Mae'n debyg mai gartre bydd e yfory 17 Mae'n amlwg mai rhywun arall sy'n gyfrifol am hyn 18 Dala i mo'r ddirwy achos mai ti barciodd y car fan'na 19 Dw i'n meddwl mai dydd Mercher sy'n well 'da hi 20 Efallai mai hyn sy'n iawn, 'te? **Exercise 2** 1 Dw i'n siwr bod nhw'n gyfrifol 2 Mae'n amlwg bod nhw wedi cwyno 3 Glywest ti fod Bert wedi ennill? 4 Rhaid cyfadde fod e'n iawn 5 Mae pawb yn gwybod y dylet ti wneud y gwaith 6 Efallai y byddan nhw yn y gegin 7 Dw i'n grac achos y byddwn i'n gorfod esbonio wedyn 8 Dw i'n siwr y byddi di'n iawn 9 Efallai bod ni wedi ennill 10 Mae'n debyg y bydda i'n mynd gyda Sioned wedi'r cwbwl

Unit 35

Exercise 1 1 mae 2 ydy 3 sy 4 sy 5 mae 6 mae 7 sy 8 mae 9 ydy 10 mae 11 mae 12 mae 13 ydy 14 mae 15 sy 16 mae 17 sy 18 mae 19 sy 20 ydy **Exercise 2** 1 Dw i eisiau siarad â'r dyn a adawodd y neges 'ma 2 Dyma'r dyn sy wedi dod o'r Alban i'n gweld ni (/i weld ni) 3 Fred Jones sy'n siarad 4 Beth sy'n digwydd fan hyn? 5 Beth sy wedi digwydd fan hyn?

6 Beth ddigwyddodd fan hyn? 7 Dw i angen pobol sy'n fodlon helpu
8 Mererid sy'n siarad Almaeneg 9 Rhowch i mi'r rhai sy'n rhatach 10
Dyma'r pethau sy'n bwysig i mi 11 Pwy sy wedi gwneud y llanast 'ma?
12 Ti sy'n iawn 13 Dyma'r bobol a oedd eisiau'ch gweld chi 14 Dyma'r
bobol sy eisiau'ch gweld chi 15 Beth bynnag sy'n digwydd, dw i'n gadael
yfory

Unit 36

Exercise 1   1 Ces i'r daflen 2 Fwytodd e'r caws? 3 Agoron ni mo'r drws
4 Thafloch chi mo'r bêl 5 Phrynodd e mohonyn nhw 6 Werthodd hi'r tŷ?
7 Ysgrifennoch chi 8 Gaeon nhw'r drws? 9 Thalon nhw ddim digon
10 Yfest ti ormod
Exercise 2   1 Chafodd e mo'r wobr 2 Thalon ni mo'r bil 3 Cerddes i
ddwy filltir heddiw 4 Cha i ddim mynd 5 Fwytoch chi'r bara? 6 Fwyton
ni mo'r afalau 7 Gest ti ddigon i fwyta? 8 Gerddoch chi? 9 Chymeron
nhw ddim byd 10 Thorres i mo'r ffenest 11 Dderbynioch chi'r llythyr?
12 Flodeuith y rhain ddim tan y Gwanwyn 13 Talwch fan hyn os gwelwch
yn dda 14 Thalan nhw ddim 15 Redon ni ddim 16 Olchoch chi'r llestri?
17 Phrynodd Sioned mo'r tocynnau 18 Chyrhaeddon nhw ddim mewn
pryd 19 Chaeon ni mo'r ffenest 20 Brynest ti'r papur?

Unit 37

Exercise 1   1 **oedd e/hi wedi cwympo** 'he/she had fallen' 2 **oedd e/hi'n
gorwedd** 'he/she was lying' 3 **o'n ni'n cysgu** 'I was sleeping' 4 **maen nhw'n
codi** 'they get up' 5 **deallon ni** ' we understood' 6 **o'n nhw wedi taflu** 'they
had thrown' 7 **dw i'n aros** 'I stay/wait' 8 **o't ti wedi gweld** 'you had seen'
9 **dyn ni'n rhedeg** *or* **o'n i'n rhedeg** 'we run' *or* 'I was running'
10 **cerddodd e/hi** 'he/she walked'
Exercise 2   1 codasit 2 codasom 3 rhedant 4 eisteddai 5 treuliai 6 talasech
7 neidiasent 8 cyrhaeddasem 9 teli 10 collasant
Exercise 3   1 enillaf 2 collodd 3 rhedent 4 cerddasant 5 neidiasoch
6 casglasai 7 credwn 8 codai 9 arhosodd 10 teflwch

Unit 38

Exercise 1   1 byddaf 2 bai *or* byddai 3 byddent 4 buasent 5 yr oeddent
6 a fydd? 7 a oeddech? 8 a oes? 9 a ydwyf? 10 a fuasem?
Exercise 2   1 yr oeddwn 2 byddi 3 buasent 4 buoch 5 yr ydym 6 buoch
7 y mae 8 buasent 9 byddwn 10 byddwn 11 a ydwyf? 12 a oeddet? 13 a
fuasem? 14 a fydd? 15 a ydych? 16 a fuont? 17 a oedd? 18 a fyddwn?
19 a fyddi? 20 a fuaswn?

Unit 39

Exercise 1   1 oedd e/hi wedi mynd 2 dest ti 3 dw i'n mynd 4 oedd e/hi'n dod 5 o'n nhw wedi dod 6 mae e/hi'n gwneud 7 o'n ni'n mynd 8 dw i'n dod 9 ddaethon nhw? 10 o't ti wedi mynd? 11 dydyn nhw ddim yn dod 12 nes i ddim 13 oedd e/hi wedi dod? 14 nest ti? 15 doedd e/hi ddim yn mynd

Exercise 2   1 a aethost? 2 ni ddaethom 3 âi 4 a aethent? 5 a wnaethant? 6 ni ddeuai 7 a aethit? 8 gwnaf 9 ni wnaethwn 10 ni wnânt

Unit 40

Exercise 1   1 Darperir lluniaeth 2 Telir ffioedd yn fisol 3 Dylid cadw bwyd yn yr oergell 4 Cafwyd ymateb da 5 Gellir trefnu cyfarfod drwy'ch banc 6 A ellid fod wedi gwneud hynny mewn ffordd wahanol? 7 Dylid fod wedi datrys y broblem 'ma erbyn hyn 8 Ni ellir mynd â llyfrau o'r llyfrgell 9 A ddylid cyfieithu'r geiriau 'ma? 10 Gellid fod wedi trafod hyn oll yn y cyfarfod diwetha 11 A welwyd y fath beth erioed? 12 A ddylid fod wedi cadarnhau'r manylion? 13 Ni ddylid gadael y drws 'ma ar agor 14 A ellir honni fod hyn yn deg? 15 A ddylid disgwyl y bydd hyn yn digwydd? 16 Ni ellir dangos fod unrhywbeth o'i le 17 Ni ellir parcio fan hyn 18 Ni ddylid anghofio fod arian yn brin 19 Ni thalwyd eich cyflog 20 Gellir cysylltu â'r rheolwr drwy ffonio'r rhif yma

GLOSSARY OF
TECHNICAL TERMS

adjective   a word that describes a noun; answers the question 'what kind of . . . ?' – 'big', 'exciting', 'political', 'late'; also words like 'my', 'his', 'our'.

adverb   a word or phrase which describes how, when or where an action takes place – 'carefully', 'last year', 'outside'. Adverbs of manner (describing how something is done or happens) are usually derived from adjectives, by adding -'ly' in English, and by prefixing **yn°** in Welsh.

AFF   affirmative: any verb-form used in making statements, as opposed to questions and negatives. Compare **INT** and **NEG**.

article   in Welsh, the words corresponding to English 'the' (definite article); English also has an indefinite article 'a/an' for which there is no equivalent in Welsh.

auxiliary   a verb used in conjunction with a VN (**verb-noun** q.v.) – the VN gives the basic meaning while the auxiliary provides other information.

ending   a syllable attached to the **stem** of a **verb** carrying information on person and **tense**.

inflected verb   a verb-form comprising a **stem** + **ending**; the stem conveys the meaning, while the ending gives information about person and time.

INT   interrogative: any verb-form used in making questions as opposed to statements or negatives. Compare **AFF** and **NEG**.

mutation   a change in the initial letter of a word, for example **cath** to **gath**, **chath** or **nghath**.

NEG   any verb-form used in making negative statements as opposed to affirmative statements or questions. All NEG verbs in main clauses in spoken Welsh use **ddim** 'not' immediately after the **subject**. Compare **AFF** and **INT**.

noun   any word that names an object, place or person: 'sandwich', 'train', 'home', 'Hastings', 'Duke William of Normandy'.

preposition   a word that indicates a relationship, usually spatial, between two nouns – 'on', 'at', 'between', 'under'.

preterite   a **tense** in Welsh which indicates completed action in the past.

pronoun   a word like 'you', 'he', 'those' that stands for a noun.

quantity expression   a word or phrase indicating how many or how much of something is being referred to – 'a lot', 'too little', 'plenty', 'many'.

radical   the basic form of a noun without any **mutation** – this is the form you will find in the dictionary. So **cath** is the radical for mutations **gath**, **chath** and **nghath**.

specific (or **particularized**) **noun**   any **noun** that refers to a specific thing or person known to the person spoken to. In practice this means nouns preceded by the definite **article**, or by a possessive **adjective**; also personal and proper names, and pronouns.

stem   the form of a verb used to carry **endings**. In Welsh the stem can either be identical to the **verb-noun**, or differ from it in some way.

subject   in a sentence, the thing or person that performs the action of the verb, or that the verb refers to, as opposed to the person or thing that receives or suffers the action (the object). In Welsh, the **subject**, or notional subject, is followed by a soft **mutation**.

tense   the part of the **verb** that indicates *when* an action takes place, e.g. future, present, past. In Welsh, tense is indicated either by **endings** on the verb, or by **auxiliaries**.

verb   usually the action or 'doing' word in the sentence – 'write', 'resign', 'move', 'return', 'disappear', 'celebrate'. Also words denoting a physical condition or state, or mental process – 'be', 'belong', 'contain', 'think'.

verb-noun   the basic dictionary form of the verb in Welsh – conveys the meaning but not person or time.

VOCABULARIES

These vocabularies are for use with the exercises in the book, and are based solely on them. They are not exhaustive, and any meaning given here is not necessarily the only one possible. For example, **diflas** is given here as 'boring' (the use of the word in the exercises), while the other main meaning 'miserable' is omitted. All grammatical information is given in the Welsh–English section of the vocabulary only, while the English–Welsh section is simply a word-for-word listing. If you want to know how to say 'shops', for example, you must find **siop** in the English-Welsh section in the normal way, and then look up **siop** in the Welsh–English section to find the plural formation. In the Welsh–English section, noun plurals are given where they are needed for the exercises, and feminine nouns are marked (f.). Occasional plurals are marked (pl.). Verbs are given in the usual VN form, with unpredictable stem-formations given immediately afterwards in parentheses. VNs ending in a vowel may be assumed to form their stem regularly by dropping the final vowel, unless otherwise stated (e.g. **cadw**). The Welsh–English section follows the order of the Welsh alphabet:

a b c ch d dd e f ff g ng h i j l ll m n o p ph r rh s t th u w y

WELSH–ENGLISH

a (AM)	and
a° (relative)	who/which ...
â (AM)	with
ac (before vowels)	and
achos	because
achosi	cause (vb.)
achub	save
adar (pl.)	birds
adeg (-au) (f.)	time
adeiladu	build
adnewyddu	renew
adre	home(wards)
afal (-au)	apple
afon (f.)	river
ag (before vowels)	with
agor	open (vb.)
angen (anghenion)	need (n.)
angen	need (vb.)
anghofio	forget
anghyfreithlon	illegal
ailadrodd	repeat
ailddarlledu	rebroadcast
aildrefnu	reorganize
ailfeddwl	rethink; think again
ail°	second
Alban (yr ...)	Scotland
allan	out
Almaen (yr ...)	Germany
Almaeneg	German (lang.)
amgueddfa (f.)	museum
amlwg	obvious
amser	time
anafu	injure
anffodus	unfortunate
anifail (anifeiliaid)	animal
annibynnol	independent
annisgwyl	unexpected
anobeithiol	hopeless
anrheg (-on) (f.)	present (n.)
ar°	on; at; to
ar° + VN	about to ...
ar agor	open (adj.)
ar bwys	near
ar fai	to blame (adj.)
ar gael	available
ar gau	closed
ar goll	lost
ar gyfer	for
ar hyn o bryd	at the moment
ar ôl	after; left (remaining)
ar unwaith	at once
ar werth	for sale
araf	slow
arall	other (sg.)
arestio	arrest
arholiad	exam
arian	money
ariannol	financial
aros (arhos-)	wait; stay
arweinydd	leader
arwyddo	sign (vb.)
at°	at; to

ateb	answer
athro	teacher (m.)
awdurdodau (pl.)	authorities
awgrymu	suggest
awr (oriau) (f.)	hour
awyren (f.)	plane
bach	small
bachgen (bechgyn)	boy
bag (-iau)	bag
banc (-iau)	bank
beth bynnag	whatever
beth?	what?
bil	bill
blodeuo	flower (vb.)
blwyddyn (f.)	year
bob . . .	every . . . (time)
bod	be
bodlon	willing
bore 'ma	this morning
brechdan (-au)	sandwich
brecwast	breakfast
bresych	cabbage
bryd hynny	at that time
brysio	hurry
bwcio	book (vb.)
bwrdd	table
bwriadu	intend
bwrw glaw	rain (vb.)
bws (bysiau)	bus
bwthyn	cottage
bwyd	food
bwydo	feed (vb.)
bwyta	eat
byd	world
byddin (f.)	army
byr	short
byth	ever; never
bywyd	life
cadarnhau	confirm
cadw	keep
cae	field
cael (irr.)	get; receive; be allowed
Caerdydd	Cardiff
caled (calet-)	hard
camddeall	misunderstand
canolfan (f.)	centre
canu	sing; ring (phone)
capel	chapel
car (ceir)	car
caru	love
casglu	collect
castell	castle
cath (f.)	cat
cau (cae-)	close
caws	cheese
cefn	back
cefn gwlad	country(side)
cefnogi	support
cegin (f.)	kitchen
ceisio	try
cerdded	walk
cerdyn	card
ci	dog
cig	meat
cig moch	bacon
cinio	lunch
clywed (clyw-)	hear
codi	get up; raise; build
codi ar (. . .) traed	stand up
coed (pl.)	trees
coffi	coffee
colli	lose
cornel (f.)	corner
costus	expensive
côt (cotiau) (f.)	coat
crac	angry
credu	think
credyd	credit
crwydro	wander
cryf	strong
cuddio	hide
cwblhau	complete (vb.)
cwestiwn (-tiynau)	question
cwrs	course
cwrw	beer
cwympo	fall

cwyno	complain	(chwiorydd) (f.)	
cyfadde	admit	chwarae	play (vb.)
cyfansoddi	compose	chwerthin	laugh
cyfarfod	meeting	chwilio (am°)	look (for)
cyfarwyddiadau (pl.)	instructions	chwyldro	revolution
		da	good
cyfeillgar	friendly	damwain (f.)	accident
cyfieithu	translate	dangos	show
cyfle	chance	danfon	send
cyflog	salary	darlledu	broadcast (vb.)
cyflwyno	introduce	darllen	read
cyflym	fast	darparu	provide
cyfnod	period	datblygu	develop
cyfoethog (cyfoethoc-)	rich	datrys	solve
		De	South
cyfri	account	deall	understand
cyfrifiadur	computer	dechrau (dechreu-)	start; begin
cyfrifol	responsible		
cyhoeddi	publish	defnyddio	use
cymaint	so much/many	defnyddiol	useful
cymdogion (pl.)	neighbours	deffro	wake up
cymeradwyo	recommend	derbyn	accept
cymorth	help (n)	dianc (dihang-)	escape
Cymraeg (f.)	Welsh (lang.)	dibynnu	depend
Cymraes (f.)	Welshwoman	diddordeb (-au)	interest
Cymro	Welshman	diddorol	interesting
Cymru	Wales	diflas	boring
cymryd (cymer-)	take	difrifol	serious
cyn	before	diffodd	switch off
cyn hir	before long	digon	enough
cynlleied	so little/few	digwydd	happen
cynnar (cynhar-)	early	dilledyn	garment
cynnes	warm	dim (byd)	nothing
cynnig (cynigi-)	offer	dim ots 'da (/gan°)	not mind
cynta	first	dinas (f.)	city
cyrraedd (cyrhaedd-)	arrive	dinistrio	destroy
		diod (-ydd) (f.)	drink (n.)
cysgu	sleep	diolch	thank you
cystal	as good	dirwy (f.)	fine (n.)
cysylltiad	connection	disgwyl	expect
cysylltu â	contact	diswyddo	sack (vb.)
cytundeb	contract	diwedd	end (n.)
cytuno	agree	dod (irr.)	come
chwaer	sister	dod â	bring

dogfen (-ni) (f.)	document
doniol	funny
dosbarth	class
draw fan'na	over there
drud (drut-)	expensive
drwg	bad
drws (drysau)	door
dull	method
dweud ((d)wed-)	say; tell
dŵr	water
dydd (-iau)	day
dyddiau 'ma	these days
dyma°	this is ...
dyn (-ion)	man
dyna°	that is ...
dysgu	learn
ddoe	yesterday
eang (ehang-)	wide
edrych ymlaen at°	look forward to
efallai	perhaps
efo (N.)	with
eisiau	want
eistedd	sit
eleni	this year
ennill (enill-)	win
enwog (enwoc-)	famous
er	although
eraill	other (pl.)
erbyn	by (time)
erioed	ever; never
ers	since
esbonio	explain
ethol	elect
eto	again; yet
Ewrop	Europe
fan hyn	here
fan'na	there
fath (y ...)	such (a) ...
fe°	AFF marker
fel 'ny	like that
fel	so (that ...)
ffaith (ffeithiau) (f.)	fact
ffatri (f.)	factory

ffeindio	find
ffenest (-ri) (f.)	window
ffi (-oedd) (f.)	fee
ffilm (-iau) (f.)	film
Ffindir (y ...)	Finland
ffôn	phone (n.)
ffonio	phone (vb.)
ffordd (ffyrdd) (f.)	way
ffotograffydd	photographer
Ffrainc	France
Ffrangeg	French (lang.)
ffrind (-iau)	friend
ffurflen (ni) (f.)	form
gadael (gadaw-)	leave; let
galw	call (vb.)
galw heibio	call round
gallu	can; be able
gardd (f.)	garden
garej	garage
gartre	home (location)
gêm (f.)	game
glaw	rain (n.)
gobeithio	hope (I/we ...)
gofalu am°	look after
gofalus	careful
gofyn (gofynn-)	ask
gogleddol	northerly
gohirio	postpone
golchi	wash
goleuadau (pl.)	lights
golygfa (f.)	view (n.)
gorau	best
gorfod	have to
gorffen	finish
gorffwys	rest
gormod	too much/many
gorsaf (f.)	station
gorwedd	lie (down)
gwaeth	worse
gwaetha	worst
gwaethygu	worsen
gwahaniaeth	difference
gwahanol	different
gwaith	work (n.)

Welsh	English
Gwanwyn	Spring
gwario	spend (money)
gwarthus	disgraceful
gwasanaeth	service
gweddill	remainder, rest
gweiddi	shout
gweithio	work (vb.)
gweld (gwel-)	see
gwely	bed
gwell	better
gwersylla	go camping
gwesty	hotel
gwin	wine
gwir	true
gwisgo	wear
gwlad (gwledydd) (f.)	country
gwlyb (gwlyp-)	wet
gwlychu	soak
gwneud (irr.)	do; make
gwobr (-au) (f.)	prize
gwrando (gwrandaw-)	listen
gwrthod	refuse
gwybod (irr.)	know (fact)
gwybodaeth (f.)	information
gwyddbwyll	chess
gwyliau (pl.)	holiday(s.)
gwylio	watch (vb.)
gwynt (-oedd)	wind
gyda (S)	with
gynta	first (adv.)
gyrru	drive
haearn	iron
hamdden	leisure
hanner dydd	midday
hapus	happy
hardd	beautiful
hawdd	easy
haws	easier
heb°	without
heb° (+VN)	have/has not ...
heddiw	today
heddlu	police
hedfan	fly (vb.)
hefyd	also; as well
heibio	round (call ...)
helpu	help (vb.)
hen°	old
het	hat
hir	long
hoffi	like
holi	question (vb.)
hon	this (one) (f.)
honni	claim
hwn	this (one) (m.)
hwyr	late
hŷn	elder
hŷn	this (abstract
hynny	that (abstract)
i°	to; for
i fyny	up
i fyny'r grisiau	upstairs
i gyd	all
i lawr	down
iawn	OK; right; proper
iawn	very
is	lower
isa	lowest
isel	low
Iseldiroedd (yr ...)	Netherlands
Iwerddon	Ireland
lansio	launch
leicio	like
lori (f.)	lorry
loteri	lottery
lladron (pl.)	thieves
lladd	kill
llaeth	milk
llai	less; smaller
llall (y ...)	other one (the ...)
llanast	mess
llawer	much, many
llawr	floor
lle	place
lle?	where?

lleia	least; smallest	**mynychu**	attend (go to)
lleill (y …)	others (the …)	**mynydd (-oedd)**	mountain
llenni (pl.)	curtains	**na**	than
llestri (pl.)	dishes	**nabod**	know (person)
llinell (-au) (f.)	line	**nawr**	now
Lloegr	England	**neb**	no-one
llofnodi	sign (vb.)	**neges** (f.)	message
llogi	rent (vb)	**neidio**	jump
llong (f.)	ship	**neis**	nice
llosgi	burn	**neithiwr**	last night
llun (-iau)	picture	**nesa**	next
Llundain	London	**neu°**	or
lluniaeth (f.)	refreshments	**neu beidio?**	or not?
llwyddo	succeed	**newid (newidi-)**	change
llwyr (yn …)	completely	**newydd**	new
llyfrgell (f.)	library	**newydd°**	just (PERF etc.)
llynedd	last year	**newyddion**	news
llythyr	letter	**nodiadau** (pl.)	notes
mai	that … (focus)	**nwyddau** (pl.)	goods
manylion (pl.)	details	**o°**	of; from
marcio	mark	**o ddifri**	serious (intent)
marchnad (f.)	market	**o flaen**	in front of
mawr	big	**o gwbwl**	at all
medru	can; be able	**o gwmpas**	around
meddwl	think	**o leia**	at least
menyw (-od) (f.)	woman	**o'r blaen**	before; previously
merch (-ed) (f.)	girl	**oergell** (f.)	fridge
mewn	in (non-specific)	**oes**	age (period);
mewn pryd	in time		life(time)
mi°	AFF marker	**ofnadwy**	terrible; awful
miliwn (f.)	million	**oherwydd**	because
milltir (f.)	mile	**ond**	but
mis	month	**onibai**	unless
misol	monthly	**pa rai?**	which (ones)?
mor° (+ adj.)	so	**panaid**	cup of tea
mor° … â …	as … as …	**papur (-au)**	paper
moyn	want	**para**	last (vb)
mwy	more; bigger	**paratoi**	prepare
mwya	most; biggest	**parcio**	park (vb)
myfyrwyr (pl.)	students	**parod**	ready
mynd (irr.)	go	**parsel (-i)**	parcel
mynd â	take	**parti**	party
	(= accompany)	**pasio**	pass (vb)
mynegai	index	**pawb**	everyone

pedwerydd	fourth	**recordydd**	recorder
peiriant	machine	**Rwsieg**	Russian (lang.)
(**peiriannau**)		**rhy°**	too
pêl (f.)	ball	**rhad** (**rhat-**)	cheap
pêl-droed	football	**rhag ofn**	in case
penblwydd	birthday	**rhaglen** (**-ni**) (f.)	programme
penderfyniad	decision	**rhagor** (**o°**)	more
penderfynu	decide	**rhaid**	must
pert	pretty	**rhannu**	share; divide
perthyn (**i°**)	belong (to)	**rhedeg** (**rhed-**)	run
peryglus	dangerous	**rheilffyrdd** (pl.)	railways
peth (**-au**)	thing	**rheolwr** (**rheolwyr**)	manager
pethau felly	things like that	**rhestr**	list
petrol	petrol	**rhesymol**	reasonable
planhigyn	plant (n.)	**rhieni** (pl.)	parents
(**-higion**)		**rhif**	number
plannu	plant (vb.)	**rhif ffôn**	phone number
plant	children	**rhoi** (**rhodd-**)	give; put
(sg. **plentyn**)		**rhoi gwybod**	let know
plentyn (**plant**)	child	**rhugl**	fluent
plwm	lead (metal)	**rhwng**	between
pnawn	afternoon	**rhwystro**	disturb
poblogaidd	popular	**rhy°**	too
pobol	people	**rhybuddio**	warn
popeth	everything	**rhyfel**	war
posib	possible	**rhywbeth**	something
pres (N.)	money	**rhywun**	someone
prif°	main	**safbwynt**	point of view
prifddinas (f.)	capital	**sâl**	ill
prin	scarce	**sanau** (pl.)	socks
priodi	get married	**sbectol** (sg.)	spectacles; glasses
pris (**-iau**)	price	**sefyll** (**saf-**)	stand
problem (**-au**) (f.)	problem	**sefyllfa** (f.)	situation
pryd?	when?	**sgorio**	score
prydferth	beautiful	**sgrîn** (f.)	screen
prydlon	on time	**sgwn i** (N.)	I wonder
prynu	buy	**siarad**	speak; talk
p'un?	which (one)?	**silff** (f.)	shelf
pwerus	powerful	**sinema**	cinema
pwy?	who?	**siop** (**-au**) (f.)	shop
pwynt (**-iau**)	point	**siopa**	shop (vb.)
pwysig	important	**siwr**	sure
pwysleisio	emphasize	**snwcer**	snooker
pythefnos	fortnight	**stafell** (**-oedd**) (f.)	room

stopio	stop	trydan	electricity
streic	strike	trydydd	hird
stryd (-oedd) (f.)	street	Twrci	Turkey
Sul (dros y . . .)	weekend	tŷ (tai)	house
	(over the . . .)	tybed (S.)	I wonder
swnllyd	noisy	tynnu	pull; draw
swydd (-i) (f.)	job	tynnu lluniau	take pictures
swyddfa (f.)	office	tywydd	weather
swyddog	official (n)	tywyll	dark
swyddogol	official (adj.)	tywyllu	darken, get dark
sylwi	notice (vb.)	ucha	highest
synnu	be surprised	uchel	high
syrthio	fall	unigolyn	individual (n)
syth	straight	uwch	higher
tacluso	tidy up	waeth (i°)	might as well
tafarn (f.)	pub	wedi	(PERF etc.)
taflen (-ni) (f.)	leaflet	wedi'r cwbwl	after all
taflu	throw	wedyn	then; later on
taith (f.)	trip	well (i°)	had better
tal	tall	wrth°	by
talu	pay	wrth° (+VN)	as . . .
tan°	until	wythnos (-au) (f.)	week
taw (S.)	that . . . (focus)	y	the
tawel	quiet	y (sub. clauses)	that
te	tea	y . . . (y)ma	this . . . , these . . .
tebyg	likely	y . . . (y)na	that . . . ,
teg	fair		those . . .
teimlo	feel	yfed (yf-)	drink (vb.)
teithio	travel	yfory	tomorrow
teledu	television	yma	here
teulu	family	ymateb	response
tlawd (tlot-)	poor	ymddangos	appear; seem
tlodi	poverty	ymddiheuro	apologize
'to	again; yet	ymhobman	everywhere
tocyn (-nau)	ticket	ymlaen	ahead
torri ar draws	interrupt	ymlaen llaw	in advance
trafod	discuss	ymweld â	visit
trefnu	arrange; organize	yn barod	already
trên	train	yn fuan	soon
treulio	spend (time)	yn lle	instead of
tro	time	yn ôl	ago; back
trwm (trym-)	heavy	yn ulw	to ashes
trwsio	mend		(burn . . .)
trwy'r . . .	all . . . (time)	yn unig	only

yn union	exactly	**ysgol** (f.)	school
yr	the	**ysgrifennu**	write
ysgafn	light (adj.)	**ystafell (-oedd)**	room (f.)

ENGLISH–WELSH

able (be ...)	**gallu, medru**	around	**o gwmpas**
about to ...	**ar° + VN**	arrange	**trefnu**
accept	**derbyn**	arrest	**arestio**
accident	**damwain**	arrive	**cyrraedd**
account	**cyfri**	as ... as ...	**mor° ... â ...**
admit	**cyfadde**	as good	**cystal**
advance:	**ymlaen llaw**	as well	**hefyd**
in advance		(= also)	
after	**ar ôl**	as ... (+ vb)	**wrth° (+VN)**
after all	**wedi'r cwbwl**	ask	**gofyn**
afternoon	**pnawn**	at	**at°**
again	**eto, 'to**	at all	**o gwbwl**
age (period)	**oes**	at least	**o leia**
ago	**yn ôl**	at once	**ar unwaith**
agree	**cytuno**	at that time	**bryd hynny**
ahead	**ymlaen**	attend (go to)	**mynychu**
all	**i gyd**	authorities	**awdurdodau** (pl.)
all ... (time)	**trwy'r ...**	available	**ar gael**
allowed (be)	**cael** (irr.)	awful	**ofnadwy**
already	**yn barod**	back	**cefn**
alright	**iawn**	back	**yn ôl**
also	**hefyd**	bacon	**cig moch**
although	**er**	bad	**drwg**
and	**a (AM), ac**	bag	**bag**
	(before vowels)	ball	**pêl**
angry	**crac**	bank	**banc**
animal	**anifail**	be	**bod**
answer	**ateb**	beautiful	**prydferth, hardd**
apologize	**ymddiheuro**	because	**achos; oherwydd**
appear	**ymddangos**	bed	**gwely**
apple	**afal**	beer	**cwrw**
army	**byddin**	before (time)	**cyn**

had better	**well (i°)**	interesting	**diddorol**
happen	**digwydd**	interrupt	**torri ar draws**
happy	**hapus**	introduce	**cyflwyno**
hard	**caled**	Ireland	**Iwerddon**
hat	**het**	iron	**haearn**
have/has not ...	**heb° (+VN)**	job	**swydd**
(+ vb.)		jump	**neidio**
have to	**gorfod**	just (PERF etc.)	**newydd°**
hear	**clywed**	keep	**cadw**
heavy	**trwm**	kill	**lladd**
help (n.)	**cymorth**	kitchen	**cegin**
help (vb.)	**helpu**	know (fact)	**gwybod** (irr.)
here	**yma, fan hyn**	know (person)	**nabod**
hide	**cuddio**	last (vb.)	**para**
high	**uchel**	last night	**neithiwr**
higher	**uwch**	last year	**llynedd**
highest	**ucha**	late	**hwyr**
holiday(s)	**gwyliau (pl.)**	later on	**wedyn**
home (location)	**gartre**	laugh	**chwerthin**
home(wards)	**adre**	launch	**lansio**
hope (I/we ...)	**gobeithio**	lead (metal)	**plwm**
hopeless	**anobeithiol**	leader	**arweinydd**
hotel	**gwesty**	leaflet	**taflen**
hour	**awr**	learn	**dysgu**
house	**tŷ**	least	**lleia**
hurry	**brysio**	leave	**gadael**
I wonder	**sgwn i (N);**	left (= remaining)	**ar ôl**
	tybed (S)	leisure	**hamdden**
ill	**sâl**	less	**llai**
illegal	**anghyfreithlon**	let	**gadael**
important	**pwysig**	let know	**rhoi gwybod**
in (non-specific)	**mewn**	letter	**llythyr**
in case	**rhag ofn**	library	**llyfrgell**
in time	**mewn pryd**	lie (down)	**gorwedd**
independent	**annibynnol**	life	**bywyd**
index	**mynegai**	life(time)	**oes**
individual (n.)	**unigolyn**	light (adj.)	**ysgafn**
information	**gwybodaeth**	lights	**goleuadau (pl.)**
injure	**anafu**	like	**hoffi; leicio**
instead of	**yn lle**	like that	**fel 'ny**
instructions	**cyfarwyddiadau**	likely	**tebyg**
	(pl.)	line	**llinell**
intend	**bwriadu**	list	**rhestr**
interest	**diddordeb**	listen	**gwrando**

London	**Llundain**	museum	**amgueddfa**
long	**hir**	must	**rhaid**
look (for)	**chwilio (am°)**	near	**ar bwys** (S)
look after	**gofalu am°**	need (n.)	**angen**
look forward to	**edrych ymlaen at°**	neighbours	**cymdogion** (pl.)
lorry	**lori**	Netherlands	**yr Iseldiroedd**
lose	**colli**	never	**byth; erioed**
lost	**ar goll**	new	**newydd**
lottery	**loteri**	news	**newyddion**
love	**caru**	next	**nesa**
low	**isel**	nice	**neis**
lower	**is**	no-one	**neb**
lowest	**isa**	noisy	**swnllyd**
lunch	**cinio**	northerly	**gogleddol**
machine	**peiriant**	notes	**nodiadau** (pl.)
main	**prif°**	nothing	**dim (byd)**
make	**gwneud** (irr.)	notice (vb.)	**sylwi**
man	**dyn**	now	**nawr**
manager	**rheolwr**	number	**rhif**
mark	**marcio**	obvious	**amlwg**
market	**marchnad**	of (quantity)	**o°**
married (get ...)	**priodi**	offer	**cynnig**
meat	**cig**	office	**swyddfa**
meeting	**cyfarfod**	official (adj.)	**swyddogol**
mend	**trwsio**	official (n.)	**swyddog**
mess	**llanast**	OK	**iawn**
message	**neges**	old	**hen**
method	**dull**	on	**ar°**
midday	**hanner dydd**	only	**yn unig**
might as well	**waeth (i°)**	open (adj.)	**ar agor**
mile	**milltir**	open (vb.)	**agor**
milk	**llaeth**	or	**neu°**
million	**miliwn**	or not?	**neu beidio?**
mind: not mind	**dim ots 'da (/gan°)**	organize	**trefnu**
misunderstand	**camddeall**	other (pl.)	**eraill**
moment	**ar hyn o bryd**	other (sg.)	**arall**
(at the ...)		other one	**y llall**
money	**arian; pres** (N)	(the ...)	
month	**mis**	others (the ...)	**y lleill**
monthly	**misol**	out	**allan**
more	**mwy, rhagor (o°)**	over there	**draw fan'na**
most	**mwya**	paper	**papur**
mountain	**mynydd**	parcel	**parsel**
much, many	**llawer (o°)**	parents	**rhieni** (pl.)

park (vb.)	**parcio**	rain (n.)	**glaw**
party	**parti**	rain (vb.)	**bwrw glaw**
pass (vb.)	**pasio**	raise	**codi**
pay	**talu**	read	**darllen**
people	**pobol**	ready	**parod**
perhaps	**efallai**	reasonable	**rhesymol**
period	**cyfnod**	rebroadcast	**ailddarlledu**
petrol	**petrol**	receive	**cael** (irr.)
phone (n.)	**ffôn**	recommend	**cymeradwyo**
phone (vb.)	**ffonio**	recorder	**recordydd**
phone number	**rhif ffôn**	refreshments	**lluniaeth**
photographer	**ffotograffydd**	refuse	**gwrthod**
picture	**llun**	remainder	**gweddill**
place	**lle**	renew	**adnewyddu**
plane	**awyren**	rent (vb.)	**llogi**
plant (n.)	**planhigyn**	reorganize	**aildrefnu**
plant (vb.)	**plannu**	repeat	**ailadrodd**
play (vb.)	**chwarae**	response	**ymateb**
point	**pwynt**	responsible	**cyfrifol**
point of view	**safbwynt**	rest	**gorffwys**
police	**heddlu**	rest (= remainder)	**gweddill**
poor	**tlawd**	rethink	**ailfeddwl**
popular	**poblogaidd**	revolution	**chwyldro**
possible	**posib**	rich	**cyfoethog**
postpone	**gohirio**	ring (phone)	**canu**
poverty	**tlodi**	river	**afon**
powerful	**pwerus**	room	**stafell, ystafell**
prepare	**paratoi**	round (call ...)	**heibio**
present (n.)	**anrheg**	run	**rhedeg**
pretty	**pert**	Russian (lang.)	**Rwsieg**
previously	**o'r blaen**	sack (vb.)	**diswyddo**
price	**pris**	salary	**cyflog**
prize	**gwobr**	sale: for sale	**ar werth**
problem	**problem**	sandwich	**brechdan**
programme	**rhaglen (-ni)**	save	**achub**
provide	**darparu**	say	**dweud**
pub	**tafarn**	scarce	**prin**
publish	**cyhoeddi**	school	**ysgol**
pull	**tynnu**	score	**sgorio**
put	**rhoi**	Scotland	**yr Alban**
question (n.)	**cwestiwn**	screen	**sgrîn**
question (vb.)	**holi**	second	**ail°**
quiet	**tawel**	see	**gweld**
railways	**rheilffyrdd (pl.)**	seem	**ymddangos**

send	**danfon**	station	**gorsaf**
serious	**difrifol**	stay	**aros**
serious (intent)	**o ddifri**	stop	**stopio**
service	**gwasanaeth**	straight	**syth**
share	**rhannu**	street	**stryd**
shelf	**silff**	strike	**streic**
ship	**llong**	strong	**cryf**
shop (n.)	**siop**	students	**myfyrwyr** (pl.)
shop (vb.)	**siopa**	succeed	**llwyddo**
short	**byr**	such (a) . . .	**y fath** . . .
shout	**gweiddi**	suggest	**awgrymu**
show	**dangos**	support	**cefnogi**
sign (vb.)	**arwyddo, llofnodi**	sure	**siwr**
since	**ers**	surprised (be . . .)	**synnu**
sing	**canu**	switch off	**diffodd**
sister	**chwaer**	table	**bwrdd**
sit	**eistedd**	take	**cymryd**
situation	**sefyllfa**	take	**mynd â**
sleep	**cysgu**	(= accompany)	
slow	**araf**	take pictures	**tynnu lluniau**
small	**bach**	talk	**siarad**
smaller	**llai**	tall	**tal**
smallest	**lleia**	tea	**te;** (cup of . . .)
snooker	**snwcer**		**panaid**
so (+ adj.)	**mor°**	teacher (m.)	**athro**
so (that . . .)	**fel**	television	**teledu**
so little/few	**cynlleied**	tell	**dweud**
so much/many	**cymaint**	terrible	**ofnadwy**
soak	**gwlychu**	than	**na** (AM)
socks	**sanau**	thank you	**diolch**
solve	**datrys**	that (sub. clauses)	**y**
someone	**rhywun**	that (abstract)	**hynny**
something	**rhywbeth**	that . . . (focus)	**mai; taw** (S)
soon	**yn fuan**	that . . . ,	**y . . . (y)na**
South	**De**	those . . .	
speak	**siarad**	that is . . .	**dyna°**
spectacles, glasses	**sbectol** (sg.)	the	**y, yr**
spend (money)	**gwario**	then	**wedyn**
spend (time)	**treulio**	there	**fan'na**
Spring	**Gwanwyn**	these days	**dyddiau 'ma**
stand	**sefyll**	thieves	**lladron** (pl.)
stand up	**codi ar** (. . .)	thing	**peth**
	traed	things like that	**pethau felly**
start	**dechrau**	think	**meddwl, credu**

think again	**ailfeddwl**	wake up	**deffro**
third	**trydydd**	Wales	**Cymru**
this (one) (f.)	**hon**	walk	**cerdded**
this (one) (m.)	**hwn**	wander	**crwydro**
this (abstract)	**hyn**	want	**eisiau; moyn**
this is . . .	**dyma°**	war	**rhyfel**
this . . .,	**y . . . (y)ma**	warm	**cynnes**
these . . .		warn	**rhybuddio**
this morning	**bore 'ma**	wash	**golchi**
this year	**eleni**	watch (vb.)	**gwylio**
throw	**taflu**	water	**dŵr**
ticket	**tocyn**	way	**ffordd**
tidy up	**tacluso**	wear	**gwisgo**
time	**amser**	weather	**tywydd**
time	**tro**	week	**wythnos**
(1st, 2nd, etc.)		weekend	**dros y Sul**
time (period)	**adeg**	(over the . . .)	
time: on time	**prydlon**	Welsh (lang.)	**Cymraeg**
to	**i°, at°**	Welshman	**Cymro**
today	**heddiw**	Welshwoman	**Cymraes**
tomorrow	**yfory**	wet	**gwlyb**
too (+ adj.)	**rhy°**	what?	**beth**?
too much/many	**gormod**	whatever	**beth bynnag**
train	**trên**	when?	**pryd**?
translate	**cyfieithu**	where?	**lle**?
travel	**teithio**	which (one)?	**p'un**?
trees	**coed** (pl.)	which (ones)?	**pa rai**?
trip	**taith**	who/which . . .	**a°** (relative)
true	**gwir**	who?	**pwy**?
try	**ceisio**	wide	**eang**
Turkey	**Twrci**	willing	**bodlon**
understand	**deall**	win	**ennill**
unexpected	**annisgwyl**	wind	**gwynt**
unfortunate	**anffodus**	window	**ffenest**
unless	**onibai**	wine	**gwin**
until	**tan°**	with	**gyda** (S), **efo** (N);
up	**i fyny**		**â** (AM); **ag**
upstairs	**i fyny'r grisiau**		(before vowels)
use	**defnyddio**	without	**heb°**
useful	**defnyddiol**	woman	**menyw, merch** (N.)
very	**iawn**	work (n.)	**gwaith**
view (n.)	**golygfa**	work (vb.)	**gweithio**
visit	**ymweld â**	world	**byd**
wait	**aros**	worse	**gwaeth**

worsen	**gwaethygu**	year	**blwyddyn**
worst	**gwaetha**	yesterday	**ddoe**
write	**ysgrifennu**	yet	**eto, 'to**